# 图说:

# 幼儿园

TUSHUO YOUERYUAN
HUANJING GUIHUA YU
CHUANGSHE

# 环境规划
# 与创设

韩 智　张 敏\主编

北京师范大学出版集团
BEIJING NORMAL UNIVERSITY PUBLISHING GROUP
北京师范大学出版社

图书在版编目（CIP）数据

图说：幼儿园环境规划与创设/韩智，张敏主编. —北京：北京师范大学出版社，2019.10
（2022.8 重印）
ISBN 978-7-303-24926-8

Ⅰ.①图… Ⅱ.①韩… ②张… Ⅲ.①幼儿园—环境设计—研究 Ⅳ.①G617

中国版本图书馆 CIP 数据核字（2019）第 168783 号

营 销 中 心 电 话　010-58802755　58805532

出版发行：北京师范大学出版社　www.bnupg.com
　　　　　北京市西城区新街口外大街 12-3 号
　　　　　邮政编码：100088
印　　刷：北京盛通印刷股份有限公司
经　　销：全国新华书店
开　　本：889 mm×1194 mm　1/16
印　　张：24.00
字　　数：360 千字
版　　次：2019 年 10 月第 1 版
印　　次：2022 年 8 月第 3 次印刷
定　　价：128.00 元

策划编辑：罗佩珍　　　　　　　责任编辑：朱前前
美术编辑：焦　丽　　　　　　　装帧设计：焦　丽　曹　敢
责任校对：包冀萌　　　　　　　责任印制：马　洁

# 编委会

# 前　言

　　儿童天生是主动学习者，他们的学习是以直接经验为基础的，需要有时间、有机会在一个丰富、有序、充满挑战的环境中按照自己的学习方式和速度积极探索、大胆表现、实现自己的想法，并体验成就感，这个过程不但发展了儿童的主动性，而且很好地促进了其情感、社会性、认知和身体的发展。

　　幼儿园负有教育使命，园长、教师作为幼儿园环境的主要创设者，除为儿童营造愉悦、轻松的精神环境外，还应为他们精心创设适合游戏、生活的物质环境。2012 年颁布的《3—6 岁儿童学习与发展指南》（以下简称《指南》），强调"关注幼儿学习与发展的整体性"和"尊重幼儿发展的个体差异"两条重要原则，这也是为幼儿创设环境时应当遵循的准则。2016 年 3 月 1 日起施行的《幼儿园工作规程》（以下简称《规程》）第五章也明确指出："幼儿园应当将环境作为重要的教育资源，合理利用室内外环境，创设开放的、多样的区域活动空间，提供适合幼儿年龄特点的丰富的玩具、操作材料和幼儿读物，支持幼儿自主选择和主动学习，激发幼儿学习的兴趣与探究的愿望。"因此，幼儿园的环境创设不论是空间还是设施设备、教玩具及材料的投放，都应立足儿童发展，尽可能满足不同儿童多种活动

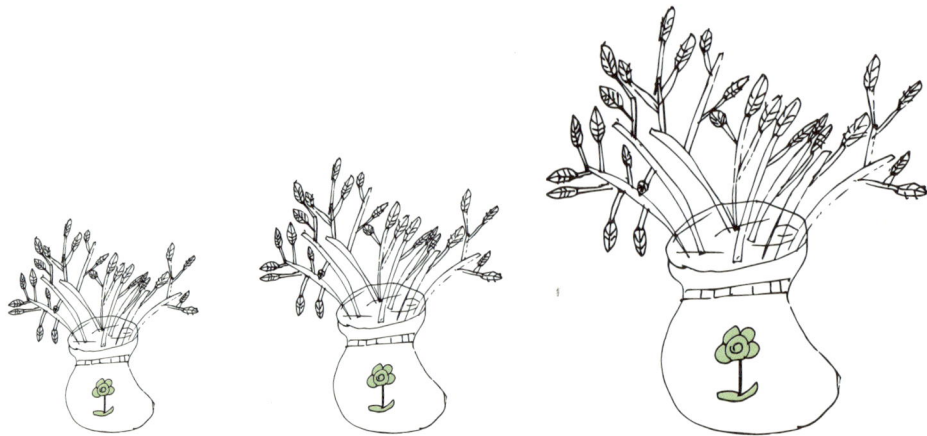

的需要，以体现潜移默化的教育价值。

深圳市实验幼教集团有限公司（以下简称"实验幼教"）在积极贯彻落实《指南》《规程》精神，深入理解学习环境重要性的基础上，通过长期实践、反思到再实践，总结提炼出一套创设幼儿园环境（包括公共环境、班级环境、户外环境）切实有效、可操作性强的方法，期望能为广大的幼儿园园长、教师提供一个幼儿园环境的创设蓝本，切实帮助更多幼儿园提升规划及创设富有教育价值环境的能力，让环境真正成为儿童的第三任教师，促进他们的学习与发展，同时更好地为幼儿园课程服务。

"实验幼教"所属 22 所市属幼儿园是深圳市最早成立的一批公办幼儿园和首批优质特色示范幼儿园。十二年来，"实

验幼教"按照学前教育规律，坚持公益导向，走内涵发展道路，在园所文化、课程建构、环境创设、师资培训、家长工作、卫生保健等方面积累了丰富而宝贵的实践经验，在深圳学前教育领域充分发挥了"领头羊"作用。《图说：幼儿园环境规划与创设》的素材来自"实验幼教"22 所幼儿园的教育现场，是集体智慧的结晶，幼儿园的园长和老师们利用自身专业基础和优势在幼儿园环境创设方面进行了丰富实践，并不断沉淀和累积专业资源，力求为广大同行提供幼儿园环境创设的参考借鉴。

本书内容分为四章，每一章既有理论阐述又有案例呈现。第一章总体阐述了幼儿园环境的规划和创设的意义、原则；第二、三、四章分别陈述了幼儿园公共环境、幼儿园班级环境、幼儿园户外环境规划和

创设的要点。全书既有图片呈现，也有对应的解析与说明，较为完整地梳理和展示了幼儿园环境创设的体系，让读者能在轻松的阅读中有所启示。

本书由"实验幼教"教务部张敏执笔和统稿，教务部韩智部长、凌春媛修稿，幼儿园陈扬梅和章誉老师为第二至第四章部分图片配文。

感谢"实验幼教"所属深圳 22 所市属公办园的园长和教师，是他们的教育实践为本书提供了丰富素材，为本书的顺利出版奠定了扎实基础。

感谢毕业于"实验幼教"所属深圳市教育幼儿园李彦铭、深圳市滨苑幼儿园余悦、深圳市彩田幼儿园胡馨尹三位小朋友为本书绘制了插图。

特别感谢北京师范大学出版社的领导和编辑为本书的出版所付出的努力。

由于编写人员认知视野及学术水平有限，本书还存在诸多不足之处，请广大专家、学者、同行提出宝贵意见，以利今后改进。

深圳市实验幼教集团有限公司
2019 年 2 月

# 目 录 CONTENTS

# 第一章

## 幼儿园环境的规划和创设

学习环境影响幼儿的行为和态度。

——布瑞尔

教育对幼儿的巨大影响，是以环境作为工具，让幼儿受到环境的浸染，从环境中获得一切，并将其化为己有。

——玛利亚·蒙台梭利

# 第一节 幼儿园环境规划和创设的意义

在如何看待幼儿学习与发展的问题上，历来存在着遗传与环境、天性与教养的决定论之争。历经半个多世纪的研究证实了此二者对于人的发展缺一不可。随着心理学的发展，大多数心理学家也一致认为遗传和环境因素对人的发展和智力的成长都是必需的，遗传是人发展的基础和前提，但遗传的潜能只有与适宜的环境条件相结合才能显现出来。遗传或天性规定了个体生理发展的路线图，并提供了心理发展的潜在方向和机制；环境或教养则能够保障个体身心的健康成长并促进其潜能的萌发、发展和成熟。可见，个体能否得到健康的发展，其潜能能否得到充分的展现，离不开个体与环境相互作用的实践活动；而如果没有适宜的环境刺激和诱发，与生俱来的遗传素质就不会得到良好的生长发育。二者的相互作用在幼儿的生活与实践活动中得以联结和融合，共同对幼儿的学习与发展产生影响。

幼儿天生就是一个主动的学习者，他们从一出生就具备进行学习的基本能力和终身受用的学习动机与学习机制，他们需要有时间按照自己的特性主动地建构发展历程。0～6岁的幼儿正处于迅速发展的时期，可塑性特别强，他们与生俱来的一些学习品质包括喜好新奇、主动模仿、专注等，他们的学习需要亲身经历、随心探索和自主思考，并在与人的交流中积累和建构对世界的认识。他们是在玩中学、做中学，并用多种语言表达自己的所见、所闻、所感、所思。幼儿所处的环境就是要为他们提供这样的条件和机会，而同样，幼儿的这些特性非常容易受到外部环境的影响而改变。环境不仅影响着幼儿身在其中的感受，影响幼儿身在其中的行为方式，同时也影响着幼儿身在其中能学习到的内容。陈鹤琴先生认为环境是儿童所接触的，能给他以刺激的一切物质。幼儿的学习与发展，是个体的遗传基因在与所处环境的相互作用中主动建构的过程。个体直接感受并接触到的环境中的物质因素和文化因素，对其发展起着重要的作用。也就是说，幼儿学习与发展的过程，就是在不断地探索人类生存环境中的两大基本关系，即人与自然环境的物质关系、人与社会环境的文化关系，并在此基础上建构个体的自我概念和与环境相处的价值观念。个体的学习与发展是具有独特性的，而且是一个主动建构的过程。在这一过程中，环境的刺激起着极其重要的作用。

本书所指的幼儿园环境主要指物质环境，幼儿园物质环境主要是指幼儿园内影响幼儿身心发展的物化形态的教育条件。[1]皮亚杰认为影响人的发展因素（即发展条件）有四个，其中物理环境的经验和社会环境的作用是发展的经典性因素。个体的经验是个体通过与外界物理环境的接触而获得的知识，离开了环境的影响，个体是无从获得经验的，因而也就无从发展。[2]戴维和韦恩斯坦（David and Weinstein，1987）在《人造环境与儿童发展》一文中说明，儿童与物质情境的互动和儿童发展有直接的关系且易于观察，虽然个体学习能力随年龄增长而加强，但儿童期的环境经验却有持续的影响。儿童发展的历程会受物质情境特性的影响，有关儿童及其与人造环境互动的系统性知识，可用以改善儿童情境的设计。[3]

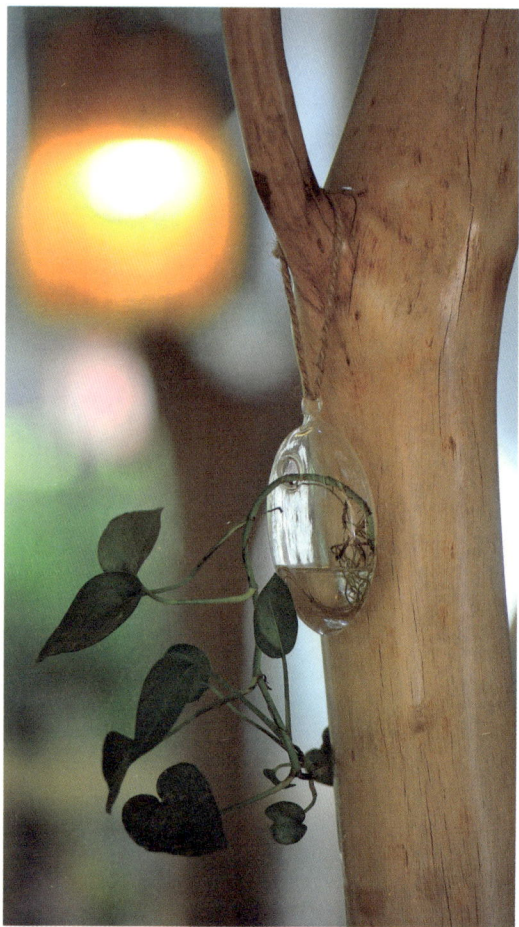

---

① 袁爱玲、廖莉：《幼儿园环境创设理论与实操》，50页，上海，华东师范大学出版社，2017。
② 王振宇：《儿童心理发展理论》，209页，上海，华东师范大学出版社，2000。
③ 汤志民：《幼儿园环境创设指导与实例》，3页，上海，华东师范大学出版社，2013。

# 一、环境可以刺激幼儿大脑的发育

幼儿在其大脑还没有完全发育时就出生了。新生宝宝的脑重只有成人的25%，之后迅速发展，3岁时就达到成人脑重的85%，5岁时达到95%。大脑发展不仅仅是重量上的变化，也不仅仅是脑细胞数目的增加，脑部发育的真正要务在于神经突触的形成，突触是脑细胞之间的通信交流点，而突触形成是时间持续很久的过程，幼儿在刚出生的时候，大脑里突触的数目非常少，却在幼儿期急速增加。神经科学研究者发现，大脑线路衔接是先天后天兼而有之的复杂过程，基因先引导轴突与树突，

生长到大致的正确位置，一旦这些纤维开始相连，并且开始发生作用，就由后天经验接管，将这些粗略的线路改造、精修，按每个幼儿独特的环境要求塑造出不同的硬件。也就是说，后天经验引导突触的自然淘汰。

神经生物学家在研究环境挑战如何能够刺激大脑发育的过程中做了一个实验，将实验室的老鼠分别安置在"强化"的环境与"贫瘠"的环境里。强化的环境条件是宽敞的笼子，由几群老鼠共处，有各式玩具可以供其看、嗅、玩弄。贫瘠的环境条件是老鼠被单独关在小笼子里，没有社会刺激，只有最低限度的感官经验。结果发现，前者之中的老鼠脑部较大，大脑皮质也明显比后者之中的老鼠厚。按研究者观察，强化环境的老鼠之所以大脑皮质较厚，是因为它们的神经元比较大，细胞体比较大，树突枝比较多，枝上刺棘比较多，突触也比较多。换言之，前者得到的感官刺激和社会刺激，可以促进脑内线路连接。也许正是基于这个缘故，强化环境中的老鼠也比较灵敏，在设了饵的迷宫里找出路，明显快于贫瘠环境的老鼠。

我们以这个研究结果为根据，认为幼儿期的发展直接且永久影响其大脑构造与后来的功能。幼儿看见、听见、摸到、尝到、想到、感觉到的一切，都能使某些突触成功参与大脑某个功能的运作，这些突触就会受到强化和保留。假如有些突触几乎没有活动的机会，就会萎缩而死去。大脑突触的强化和淘汰的过程，实际上就是塑造大脑的过程，后天的学习与经验对于这个过程非常重要，尤其是在幼儿 0 ～ 6 岁早期阶段。一个有丰富物质环境条件的幼儿园，能为幼儿提供大量的感知刺激物。因此，我们说，幼儿早期所处的环境及其在环境中获得的经验，可以刺激幼儿大脑的发育，对其学习与发展起着特别重要的作用。一个有效优质的环境，是我们为幼儿提供的、促进其获得最佳发展的途径。

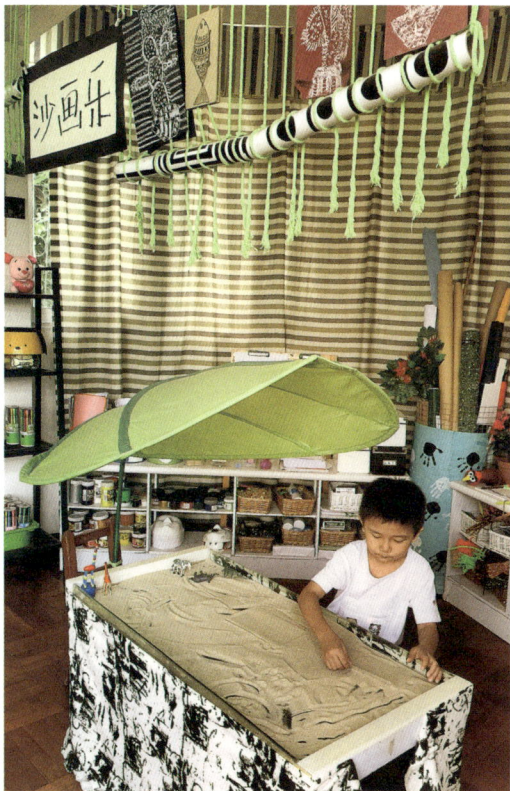

## 二、环境可以影响幼儿的行为

在心理学上，研究影响幼儿行为发展主要有三大理论：遗传论（prede-terminism）、环境论（environmentalism）和交互论（transactionism）。这三大理论，都承认遗传和环境对儿童行为很重要，只是强调的重要性不同而已。其中环境论者认为行为的发生完全是个体接受环境中的"输入"而产生"输出"之结果，个体的行为任其所处的环境来塑造而不是与生俱来的。在儿童行为方面，其发展主要是环境塑造的，亦即行为乃是环境与经验影响的结果，华生（Watson）、斯金纳（Skinner）等人即持此看法，并强调儿童的发展主要决定于环境，教师如果要控制儿童行为的发展，可以经由操纵环境力量来达成此目的。[①]环境心理学家最具影响力的先驱之一——库尔特·列文（K.Lewin）认为人的行为和物质环境有紧密的关联，实际的物质环境是生活空间中有力的心理事件之一（McAndrew，1993），物质环境在我们心中的呈现以及一些未呈现的物质环境要素（外缘）影响我们的行为与经验（Gifford，1987），例如人在教室的行为可能与在派对上的行为大不相同，同样一个人在不同的环境则有不同的行为（Deaux Dane & Wrightsman，1993）；就学校而言，学校建筑设施所建构的环境，是学生学习、互动和休憩的生活空间，学校建筑规划对学生行为自有其影响（汤志民，1991）。美国田纳西州卡尔森纽曼学院家政系（1985）在《通过环境变量的操作改变学前幼儿的游戏行为》研究中发现，教室环境的改变确能促进幼儿行为的改变：包括"幼儿—幼儿互动"、"教师—幼儿接触"、"适当区域使用器材"、"投入器材的水准"和"年龄差异"在研究阶段和行为之间有显著的交互作用。[②]

---

① 汤志民：《幼儿园环境创设指导与实例》，上海，华东师范大学出版社，2013。
② 同上书，27 页。

美国心理学家布朗芬布伦纳应用生态学理论系统地阐述了环境与人的发展之间的关系，并建立了影响人发展的环境生态系统模型，其中特别强调了学校和家庭的微观环境对幼儿发展起着直接及重要的作用。布朗芬布伦纳的环境经验分为微观系统、中间系统、外部系统和宏观系统，这几个系统形成嵌套式的关系。其中，微观系统是指"生活于一个具体的物理和物质特征的特定背景中的发展个体所体验到的活动、角色和人际关系的模式"，如学校、家庭和同伴群体是三种典型的微观系统。微观系统是幼儿直接行为的背景，其中的活动、角色和人际关系是影响幼儿学习与发展的三个最重要的成分，也是我们理解幼儿行为的重要指引。微观系统之间的关系模式会影响幼儿在其当前所处的任何背景的知觉和行为，如幼儿在教室里的行为通常会受到在家里养成的习惯的影响。因此，微观系统之间相互作用过程的协同效应对幼儿的学习与发展可能起到促进作用，也可能起到抑制作用。在这一环境生态系统模型中，微观系统是直接影响幼儿学习与发展的最重要的背景。我们从中可以认识到，幼儿园的环境，尤其是班级环境对幼儿来说是至关重要的，它是幼儿直接行为的微观系统之一。幼儿园及班级环境中的活动、角色和人际关系直接影响幼儿的学习与发展，影响他们与环境相互作用的直觉和回应方式。

瑞吉欧·艾米莉亚幼儿教育认识到环境的重要性，将环境视为继父母和教师之后的幼儿的"第三位教师"，其认为幼儿是有能力的学习者，幼儿的兴趣是指引教师做好教育准备的前提，包括如何组织环境和为幼儿提供什么材料，环境的空间设计、材料的选择与摆放都在很大程度上影响着幼儿在该环境中学习的水平和投入的程度（Edwards, 2000）。精心创设环境，除了有利于适宜幼儿身心发展的教育实践外，还能减少幼儿的行为问题，使教师有更多时间支持幼儿学习。我们可以想象一下，如果我们在教室中间设置一片宽敞开放的空地，幼儿便有可能在其中来回跑动；如果教师只为幼儿提供极少数的材料供幼儿选择，幼儿之间因为抢夺玩具的冲突就很有可能发生；如果班级里各活动区的设置并无新意或缺乏吸引力，幼儿就可能在区域之间徘徊，而不是专注而投入地参与各区域的活动；当我们为幼儿提供的材料都是真实的、精致的，且要求幼儿在使用过程中悉心保护时，他们便能在过程中学习如何照顾环境；如果我们为他们提供的材料都是仿真物品、不易碎的塑料制品等，并且随意堆放，那么幼儿在使用过程中便不会用心爱护。

可以说，幼儿园环境作为一门"隐性课程"对幼儿的行为有着潜在的影响，贝蒂（Beaty, 1992a）[①] 表示，在幼儿教室里，物质的设备和器材配置常决定发生何事。物质环境的内容及其营造的氛围会对幼儿的行为产生暗示和引导的作用，告诉他们何者可做或不可做，以及我们对他们的期望，也就是说，我们如何安排教室间接决

① Beaty, J.J.,Skills for Preschool Teachers (4th ed.), New York, Merrill, an Imprint of Macmillan Publishing Company, 1992a.

定了其间会发生何事。幼儿活动室的设计，如空间的安排、通道的流畅、私密性的提供、设备摆放位置、空间密度等，会影响幼儿的学习和行为，在活动面积较大和活动材料丰富的情况下，幼儿表现出的竞争性、侵犯性和破坏性行为都低于活动空间小、活动材料贫乏的情况下产生的类似行为。席汉（Sheehan）和达伊（Day）于其研究中发现，在开放的空间中，若没有属于幼儿独处的地方，幼儿表现的多是游荡、攻击或烦躁不安的行为，但是一旦使用了一些矮柜来分隔活动区域，幼儿不但合作的行为增加了，而且也能较安静地进行活动。[1]国内外研究表明，单位面积内参与的儿童过多，易使幼儿产生争执、打斗等行为，而过少则不利于交往的发生（朱家雄，1996；Smith，1982）。斯卡德和迈巴莉（Stockard & Mayberry，1992）认为，教室环境在影响学生对学校的态度以及他们的成就上甚为重要。麦肯（McCown，1996）等人则进一步说明，通过教室和器材之组构，可避免不适切的学生行为，并使该物质环境有助于学习，而发展教室管理计划最好着手的地方就是物质环境，虽然教室的物质安排不能保证有效地管理，但经深思的安排，有助于教师得到所想要的学习结果。[2]一个精心创设的环境，为幼儿在不同发展层次上提供了多种选择，使幼儿能够积极参与自主选择适合他们身心发展且有趣的活动，能够发挥其独特的技能水平，用他们喜欢的学习方式做感兴趣的事，他们通常有更少的行为问题。[3]

---

① 汤志民：《幼儿园环境创设指导与实例》，23 页，上海，华东师范大学出版社，2013。

② 同上书，22 页。

③ ［美］朱莉·布拉德：《0—8 岁儿童学习环境创设》，陈妃燕、彭楚芸译，8 页，南京，南京师范大学出版社，2016。

# 三、环境是幼儿园课程实施的重要载体

幼儿园是幼儿生活和受教育的场所，幼儿园的环境是教师根据一定的教育目的和意图创设的，能为幼儿园各年龄段的幼儿发展目标和课程目标的实现提供支持，幼儿园的教育理念和课程目标都会通过物质环境的规划与创设得到一定的反映。蒙台梭利在《童年的秘密》一书中写道："我们的教育体系的最根本特征是对环境的强调。"《幼儿园教育指导纲要（试行）》也指出："幼儿园应为幼儿提供健康、丰富的生活和活动环境，满足他们多方面发展的需要，使他们在快乐的童年生活中获得有益于身心发展的经验。""环境是重要的教育资源，应通过环境的创设和利用，有效地促进幼儿的发展。"所有的幼儿园环境要围绕幼儿的教育和发展进行创设，幼儿园实施什么样的课程，便会依循该课程的目标、内容和实施过程进行相应的环境创设，也就是说，环境是幼儿园教育课程的重要载体。

瑞吉欧教育相信幼儿与环境共存，孩子依赖并作用于环境，主张幼儿、教师、家长及社区环境的互动与合作，强调环境的教育功能，认为环境创设要与课程相关，其方案教学、项目活动均以环境为基础。从课程设计的总体观念到具体方案的实施，环境一直是瑞吉欧教育者所考虑的因素。他们思考着生活在某所学校及社区环境中的幼儿究竟对周围的哪些环境产生了兴趣，是否可以从中产生一个新的方案；他们还思考着在方案的进行中需要哪些新的环境的设置，以利于方案的不断延伸。[①] 正如马拉古奇所说："我们重视环境，因为环境有能力去组织、提升不同年龄的人之间的愉悦关系，创造出美好的环境，可以让选择和活动更趋完善。而且环境的潜能可以激发社会、情感和认知方面的种种学习。"[②]

---

① 屠美如：《向瑞吉欧学什么——〈儿童的一百种语言〉解读》，47 页，北京，教育科学出版社，2002。

② ［美］Carolyn Edwards, Lella Gandini, George Forman：《儿童的一百种语言》，罗雅芬等译，台北，心理出版社，2000。

幼儿的学习是以直接经验为基础的，他们是通过直接接触周围环境中的人、事、物，通过直接感知、实际操作和亲身体验去获得直接经验的。在幼儿园中为幼儿创设一个与课程相适应的良好环境，提供一个符合幼儿学习方式和特点的教育空间，对在园幼儿健康全面发展将产生积极影响。无论是幼儿园的公共环境、户外环境，还是每个幼儿教室，各种开放的玩具、材料、设施设备，共同为幼儿营造了丰富、有层次、有选择自由的学习和游戏环境，为幼儿园课程的实施提供了坚实的保障。

# 第二节 幼儿园环境规划和创设的原则

环境是激发幼儿大脑发育、影响其行为方式的重要因素，幼儿是在与环境相互作用的过程中成长起来的。

幼儿园负有教育使命，它应该是有利于幼儿学习与发展的环境，是实施和发展幼儿保育和教育的重要保障，而要发挥幼儿园环境对幼儿学习与发展的促进作用，就需要对幼儿园的环境做出合理规划和布局，以充分满足幼儿在与环境的有效互动中获得学习与发展的需要。

那么，在规划和创设幼儿园环境的过程中，应该遵循哪些基本原则呢？

## 一、保障环境安全，这是幼儿园物质环境规划和创设的首要原则

幼儿在幼儿园进行任何活动，安全是第一位的。在规划和创设幼儿园环境时所考虑的安全问题至少有四点：首先是玩具、材料和家具摆放的稳固性；其次是环境中空间布局之间通道的顺畅性；再次是设施设备和玩具材料的安全性；最后是幼儿活动空间密度的适宜性。

### （一）玩具、材料和家具摆放的稳固性

为满足幼儿学习与发展诸方面的需要，班级里的空间需要划分为具有各自特别功能的活动场地（或称为活动区、区域、区角），每个场地需要相应的柜架摆放适合幼儿进行游戏使用的材料。这些柜架与材料的摆放必须牢固和平稳，无论幼儿怎样触碰都不会倒塌，以保证幼儿身体

不会受到可预见的伤害或在心理上产生恐惧感。摆放玩具和材料的柜架不宜过高，以幼儿站着可轻松地拿到为宜，避免其攀高伸手够拿而跌倒或使柜架倾倒。除了室内活动场地柜架的稳固摆放以外，还要特别注意户外场地大型攀爬器械的稳固和完好问题。

### （二）环境中空间布局之间通道的顺畅性

各个活动场地的分隔要保证相互之间的通道顺畅，便于幼儿无障碍地从一个场地走到另一个场地。特别是对年龄较小的

幼儿来说，他们的行走还不够协调平稳，走动时常常是碎步小跑，注意力分配有限，很容易看不到地上的小东西而被绊倒。幼儿户外场地，不仅要注意活动区域之间通道的顺畅，还要注意地面的平整，把一些石头、碎砖等杂物清理干净，及时把坑坑洼洼填平，让幼儿可以放心地行走、奔跑、做运动。

## （三）设施设备和玩具材料的安全性

幼儿直接接触使用的各种设施设备和玩具材料必须是无毒、无害和干净卫生的，符合品质安全标准。对于废旧物品的利用，应选用幼儿生活中食品的包装物品或材料，提供给幼儿使用的所有玩具和材料，应经过清洁、消毒、干燥，以确保安全、卫生。可收集幼儿周边环境中无毒无害的自然物和生活用品，并可以用这些材料制作成幼儿喜爱的玩具。自制玩具不一定都是成人做好了给幼儿玩，如果教师能和幼儿一起讨论和制作的话，其价值更高。

## （四）幼儿活动空间密度的适宜性

有研究观察表明，空间安排是影响幼儿行为的主要因素，幼儿活动的空间密度对幼儿的社会互动会产生影响。密度水平或每平方米所容纳的幼儿数量，会对幼儿与成人造成很深的影响。高密度会增加压力、攻击性行为、破坏性行为和社会抽离现象，并降低积极的社会互动、儿童的成就和注意力（Kantrowitz & Evans, 2004；Legendre, 2003；Maxwell, 1996, 2003）。McGrew 在研究中也发现：不管同一空间里的人数有多少，当空间缩小时，幼儿跑的行为减少了，幼儿间的身体接触较多，但在空间维持不变、幼儿人数增加时，幼儿跑的行为不受影响，独自的活动较少，较多攻击性行为。[1]因此，

① 汤志民：《幼儿园环境创设指导与实例》，24 页，上海，华东师范大学出版社，2013。

在规划和创设幼儿园环境时，应留意幼儿活动空间的密度问题，尽量为幼儿创设充足的活动空间，避免因空间过于狭窄而影响幼儿活动，引发幼儿的攻击性行为或混乱的游戏行为。

## 二、以幼儿为本，确保幼儿园环境能够满足幼儿的整体发展需求和个性化需求

教育部《3—6岁儿童学习与发展指南》强调"关注幼儿学习与发展的整体性"和"尊重幼儿发展的个体差异"这两个重要原则，这也是我们在创设幼儿园环境时必须遵循的原则。

对幼儿发展整体性的理解可以从两个层面分析：一是学习与发展所包含的诸方面；二是学习与发展诸方面之间的相互关系。《3—6岁儿童学习与发展指南》从健康、语言、社会、科学、艺术五个领域描述了幼儿的学习与发展，这五个领域分别反映了幼儿身体、社会情感、语言、认知、个性和创造性等多方面的需要及教育期望，而且在每个领域都从幼儿整体性出发提出了本领域的教育取向。同时，这些领域之间的学习与发展又是相互包含和渗透的，每一领域的学习与发展都不是相互割裂的或孤立的，这一特征正是由人的整体性所决定的。因为人在做事或进行活动的时候，从个体来说需要知、情、意、行的整体投入，而不是某个领域的单一行为。同时，每个领域的学习与发展又具有相对的独特性，需要有适当的环境或活动情境提供支持。从幼儿学习与发展的整体性这一角度考虑，为其创设的环境就应含有能够支持他们进行各领域独特活动的条件和机会，如在幼儿直接活动的教室环境中提供具有不同独特功能的多种活动区角，以让幼儿获得相应的学习经验和发展能力。

而由于遗传的原因，幼儿与生俱来就具有独一无二的大脑结构和气质特征；加之受个人成长的家庭背景和社区环境的影响，幼儿积累了不同的经验，养成了习惯上和行为方式上的差异。每个幼儿来到幼儿园的时候，表面上看来集体环境对于个人的影响是类似的，但是个体对某一共同环境的知觉和解释却是不同的，所需要的环境回应也是有差异的。因此在所创设的环境中，除了满足全体幼儿的整体性需要以外，还要考虑到个体需求的独特性，如要为每个幼儿提供参与不同活动的场地，有的幼儿想画画，他们可以去一个地方，选择所需要的材料和工具，画出自己想画的事物；有的幼儿想搭建一座大桥和马路，就可以到一个地方选取建构积木的一些辅助材料，搭起自己想象中的桥梁和马路；有的幼儿想装扮成照顾宝宝的妈妈，就可以到一个地方"做饭"和喂宝宝"吃饭"；有的幼儿想安静地看会儿书，他们就能有一块放着各种图书的地方，安静地阅读；有的幼儿想独自一人待一会儿，就能享有独立、独自进行活动的条件和机会，能找到一个地方不受打扰地坐着或者随意地躺着……在这个环境中，每个幼儿都有自己想去的地方，能做自己想做的事情，他们的好奇心、探索欲望、表达的意愿等个性化需求都能在这些空间中得到满足。

## 三、提供丰富的设备和材料，满足幼儿参与多种运动和游戏的需要

### （一）品种的丰富性

在确保单一品种的数量能够满足幼儿使用需求的基础上，尽量丰富设备和材料的品种。例如，在户外游戏区，既有供幼儿进行大动作运动的各种设施，也能提供让幼儿进行其他活动的空间和材料；在教室里的阅读区为幼儿提供不同内容的图书；在美工区为幼儿提供水彩笔、蜡笔、油画棒、彩色铅笔等，供幼儿根据自己的创作想法进行选择。美国德州大学弗洛斯特（Frost）和斯特兰德（Strickland，1985）在《幼儿自由游戏期间的设备选择研究》中指出："最受幼儿欢迎的游戏场是一个容纳不同游戏形式的设备和空间。"

### （二）来源的多途径

丰富的玩具和材料还体现在来源上，包括教师精心采购的材料，教师动手制作的、收集的自然物或可进行二次利用的废旧物品等。例如，生活中幼儿自己收集的自然物或废旧物品没有固定的功能和结构，可以随着幼儿的想象成为任何物品的替代物，二次利用作为活动材料，能丰富幼儿的认知、想象和创意。幼儿在公园拾捡回来的一片落叶，在美术区里可以成为美工作品的装饰材料，在角色区里可以成为坐公交车的车票，在数学区可以成为代表数量的物品……

## （三）结构和质地的多样性

玩具材料的结构越简单，越利于幼儿的想象和创造；材料的质地越多样，越利于幼儿感知觉的发展。例如，幼儿利用结构简单的积木，可以搭建创造出任何自己想要的玩具或物品。教师应尽量多为幼儿精心选择开放性较强的材料，鼓励幼儿创意拓展多种玩法，获得多种游戏体验。

## （四）材料的更新与投放

我们经常会看到这样的现象：一样的材料长时间放置在同一活动区域中，幼儿久而久之便会失去操作兴趣，尤其是那些高结构、具有固定功能的材料；幼儿在游戏过程中，经常会遇到身边的材料不能满足游戏进展的需求，于是只能不断地进行重复的、低水平的游戏等。在这种情况下，教师需要及时观察，用心留意，做到定期更换玩具材料，或是跟随幼儿游戏的需要及时添加新材料，以维持幼儿的游戏兴趣，不断鼓励和支持幼儿的游戏持续、深入开展。每次新更换或添加的材料在品种和数量上不需要太多，足够幼儿选择即可。

# 四、提升幼儿园环境舒适性和开放性，帮助幼儿建立安全感和归属感

幼儿园的环境创设在很大程度上反映了教师的儿童观和价值观，教师对幼儿的尊重和接纳程度，往往能在环境的开放程度及教师对幼儿园环境和幼儿在园体验的重视程度上得到体现。精心创设的环境，是一个能使幼儿和成人找到圣地、养料、舒适、同情和社团的地方。[①]幼儿一日在园时间较长，为幼儿创设一个舒适、开放的园所环境，能让在园幼儿感受到自己在环境当中是受欢迎的、受到关爱和重视的，由此建立对环境的安全感；同时，创设一个舒适和开放的园所环境，让幼儿在园期间感受到家一般的温馨和舒适，体验到环境小主人的独立与自主，也能帮助幼儿尽快建立对幼儿园集体的归属感。而从另一个角度看，只有当幼儿建立了对幼儿园的安全感和归属感，幼儿才能在该环境中获得学习与发展。

---

① ［美］朱莉·布拉德：《0—8岁儿童学习环境创设》，陈妃燕、彭楚芸译，8页，南京，南京师范大学出版社，2016。

## （一） 提升幼儿园环境的舒适性

要创设一个对幼儿来说舒适的幼儿园环境，幼儿园设计者应努力在环境中营造出温馨的家的氛围，营造家一样的环境，有助于儿童建立归属感，并降低儿童在家园之间过渡的困难（Fisher，2006），重

视教室环境中软性装饰材料和自然材料的提供，软性装饰材料如各种地毯、沙发、抱枕、桌布等，自然材料如各种绿植、实木桌椅等。有研究表明，当环境中存在柔软的物质时，环境的舒适感会增强，人们的压力也可以减少。同时，应该确保环境的规划与布置是以幼儿为中心的，从空间布局，到设施设备、材料等的配置，让环境符合幼儿的审美和感官体验需要，均是以幼儿的兴趣和发展需求为出发点的，如为幼儿提供色彩设置和谐的环境；规划出空间设计良好的、功能多样的多个大大小小的活动空间，既有供大集体共同活动的场所，也有供幼儿享受独处时间的私密空间，以满足幼儿参与集体活动、小组活动或个别活动的需求；提供品种多样且大小和高度均适合幼儿使用的设施材料，让幼儿能够在环境中获得多样化的、丰富的感

官经验；将幼儿所能接触到的每一件材料都视为艺术品美观地展出或摆放，在美观的环境里，每个元素都被用来创造美丽与和谐（Bartlett，1993）。心理学研究表明，客观事物的美能使人产生积极愉快的情感，从而能消除人与客观事物间的情感障碍，使人对客观事物产生心理上的亲和倾向，即对客观事物产生接纳、喜爱并依恋的积极情感。[①] 教师在创设环境的过程中，应时刻关注怎样才能呈现它的特性和美感，怎样才能让它对幼儿产生吸引力，怎样才能方便幼儿了解材料并和材料进行有效地互动，这些材料对幼儿的学习与发展有没有实际的促进意义，随时根据幼儿的兴趣变化和发展过程进行材料更新或补充……让幼儿看到、听到、观察到、体验到他所处的环境就是为他而精心设计和布置，并且随时欢迎他使用的，使其逐步对幼儿园环境产生兴趣，建立安全感和归属感，进而愿意投入幼儿园的各项活动中。

①　胡惠闵、郭良菁：《幼儿园教育评价》，148页，上海，华东师范大学出版社，2009。
②　[美]朱莉·布拉德：《0—8岁儿童学习环境创设》，陈妃燕、彭楚芸译，8页，南京，南京师范大学出版社，2016。

## （二） 提升幼儿园环境的开放性

幼儿园环境的开放性首先体现在室内外环境资源的充分利用上，既为幼儿创设具有丰富感官刺激的室内活动环境，同时也充分挖掘室外环境资源，创设各种室外运动和游戏空间，满足幼儿参与各种户外运动和游戏的需求，为幼儿提供开展大肌肉运动的机会、良好的户外学习机会和与社会互动的机会。其次，幼儿园环境的开放性还体现在为幼儿提供参与创设环境的机会上，教师精心创设的"有准备的环境"固然为促进幼儿的学习与发展提供了重要的支持，但好的幼儿园环境并不应该由教师"包办代替"，而要让幼儿真正成为学习环境建设的主人，教师要倾听幼儿的想法，让他们有机会亲身参与到环境的规划与布置中，引发幼儿对环境的责任感，更能激发他们对环境的兴趣和注意，满足他们的心理需要，促进幼儿与环境建立积极而良好的互动关系。再次，幼儿园环境的开放性也体现在规划与创设环境时，充分挖掘可促进幼儿自主发展和选择的条件和可能性，如我们在教室里规划出丰富的活动区并提供多种适宜的材料，目的就是方便幼儿能够根据自己的兴趣需要自主地做出游戏选择，并在自选的区域环境中自主游戏、自发交流，自己选择游戏的材料，自己确定独自玩耍还是与他人一起合作，自主决定使用材料和开展游戏的方式；又如在进行区域规划的过程中，通过进行合理的区域布局和隔断，既保证同一时间在各区域中参与游戏的所有幼儿能在教师的视线范围内活动，也便于幼儿根据自身游戏兴趣和需要调整游戏的区域等。当幼儿处于有多种学习选择的环境时，他们可以选择自己认为最有效的学习方式。当幼儿有机会用有趣且激励性的方式学习时，他们的坚持性和主动性会增强。

# 第二章

## 图说幼儿园公共环境

通过应用设计元素（例如色彩、灯光、质地、形状、形式和空间）和设计原则（例如平衡、节奏和规模），一个高质量的托幼机构，就有能力去创造一个具有启发性的、和谐的且井井有条的环境。

——瑞德

每一所学校都是独一无二的，家具、装修和设备随着教育哲学和教师喜好的不同而各异。……学校所选择的家具、装修和设备就好似拼图的最后一片：一旦选择正确，便能增进整个空间的舒适度、功能性和美感。

——李丹、埃里克森

# 第一节 幼儿园公共环境规划和创设要点

幼儿园公共环境指可供全园幼儿、教师或家长等进入并使用的园内空间。本章的公共环境主要指幼儿园建筑范围内可供幼儿、教师或家长三个群体共享使用的室内环境，如门厅、美工室、保健室、教师办公室、家长接待区等。本书把相对比较独立亦可供幼儿共享使用的幼儿园户外公共环境单独列为第四章进行阐述，以期给予更为详尽、系统的说明。

幼儿园公共环境是一个共享、共用的空间环境，公共环境传递了幼儿园的园所文化，展现的是幼儿园的教育理念和价值取向。可以说，幼儿园的办园理念影响空间的类型和安排。在创设公共环境前，幼儿园管理者有必要与全园教师共同梳理、明晰幼儿园文化和教育理念等，进而思考如何在环境中进行体现。在此过程中，管理者常要发挥引领作用，根据办园理念和

园所环境等实际情况，充分考虑采光情况、噪声影响、交通安全和便利程度、拥挤程度等因素，设定环境规划与创设原则和要求，对幼儿园整体空间进行统筹安排、合理布局，指导教师团队集思广益、齐心协力做好公共环境的创新设计和科学使用。

与此同时，管理者也应认识到一所幼儿园应该提供空间充足、富有吸引力的设施，它们不仅为幼儿设计或改造，也应该满足幼儿园教师和家长的需要。幼儿园公共环境的规划和创设，其核心原则是以人为本，应能让每一位身在其中的幼儿、教师、家长或来访者都感觉舒适，体验到被尊重、被接纳、被关爱。环境的创设透露出对使用者——幼儿、教师、家长的兴趣、需求和能力的尊重态度。瑞吉欧的教育工作者在创设环境时不断地询问自己：幼儿需要什么样的环境？这样的环境便于幼儿的探索活动吗？我们教师在怎样的环境里能更有效地倾听幼儿、帮助幼儿、记录幼儿成长经历？家长对环境又有什么要求呢？[1]一件幼儿作品、一盏灯、一张桌椅或一棵绿植等的精心选择和摆放，都需要充分考虑其教育性、功能性、美观性和适宜性，都能体现幼儿园独一无二的园所文化和细致入微的人文关怀。

幼儿园室内公共环境，根据使用对象可分为全员共享环境、幼儿共享环境、教师共享环境和家长共享环境。我们在规划和创设这些空间环境时，应注意哪些要点呢？

---

① 屠美如：《向瑞吉欧学什么——〈儿童的一百种语言〉解读》，54 页，北京，教育科学出版社，2002。

# 一、全员共享环境的规划和创设要点

全员共享环境主要包括门厅、走廊、楼梯、会议室、公共卫生间等，这些空间面积较小，因其不是幼儿在园主要的活动空间，亦分布于幼儿园各个楼层和角落，容易被忽略，而实际上，这些空间环境的规划和创设，却能够直观反映出一所幼儿园的管理水平和园所文化，应该受到幼儿园管理层和教师的重视。

## （一）门厅

门厅是人们走进幼儿园映入眼帘的第一个空间，应营造安全、整洁、开放、温馨的氛围，让每一个进入门厅的人都能感觉到宾至如归的舒适愉悦，接收到被欢迎的信息，尤其对于幼儿而言，门厅温馨舒适的环境氛围，能帮助他们建立对幼儿园的归属感，在一定程度上缓解他们每天在家园之间过渡的焦虑感。

规划和创设一个适宜的门厅环境，可以考虑以下几个要点。

### 1. 空间规划

☆ 出入口的便利性，门厅是人流进出频率最高的场所，有一个方便进出的出入口是在规划门厅位置和方位时应考虑的首要因素。

☆ 保留较大面积的无障碍空间，门厅具有集散、晨检、休息、展示、接待等功能，常是幼儿园人流聚集地，从使用的安全性和便利性角度考虑，幼儿园应确保门厅人行通道畅通宽敞，在门厅的中间位置尽可能保有较大面积的无障碍空间供人流密集时段或意外事件发生时使用。

☆ 利用适当角落设置展示区，展示幼儿园教育理念和园所文化，门厅是幼儿园对外的一个窗口，幼儿园可利用墙面、拐角等空间，张贴或摆放幼儿园简介资料、能够体现教育观和儿童观的儿童作品、幼儿与教师或家长的活动照片等。墙面尽量避免使用卡通图案或单调的人物形象，"奥尔兹特别强调了避免刻板形象的重要性，特别是迪士尼、电视和童话故事里的人物形象。她认为这些形象通常会出现在不以儿童为中心的环境里，用于故作姿态地体现以儿童为中心的理念"。[①]

**2. 环境创设**

☆ 自然采光，"良好的采光并不只是提供足够的光线……良好的采光会使空间变得美丽舒适。光线会影响我们的情绪。它使人放松或者精力充沛。光线不只帮助我们看见事物，还影响我们如何看，甚至让所见的事物变得更美丽"（Karre，2003）。

☆ 采用温馨和谐的室内装修色调，建议使用中性色，背景避免过多地使用三原色等饱和度太高的颜色，使整个空间看起来过于鲜艳跳跃、纷乱无序。有研究显示，太直接、强烈的颜色会刺激幼儿的视神经，对视力造成不良影响，而过于鲜艳的色彩，易产生巨大的色彩冲击力，导致幼儿焦躁不安、注意力分散，产生厌烦情绪。

☆ 选择造型和亮度适宜的灯饰，有柔和灯光的照射会使整个门厅空间变得独特，让人产生融合的感觉。"这里的灯光和教室里的灯光一样重要。这里的灯光应该明亮但不刺眼。阳光是理想的，但是没有阳光的时候，人造的阳光区域也可以创设幼儿及家长们希望在整个幼儿园中都能体验到的真正温暖氛围"[②]。

☆ 根据门厅面积的大小选择适宜数量和样式的、适合幼儿和成人使用的桌椅等家具，让过往的幼儿和成人可根据需要或静坐休息，或驻足交流。

☆ 放置绿色植物并精心打理养护，营造大自然的氛围，让整个空间看起来灵动且生机勃勃。

---

① ［美］朱莉·布拉德：《0—8岁儿童学习环境创设》，陈妃燕、彭楚芸译，114页，南京，南京师范大学出版社，2016。

② ［美］Dorothy June Sciarra& Anne G. Dorsey：《幼儿园的开办与管理》，张咏等译，北京，中国轻工业出版社，2003。

## （二）走廊和楼梯

幼儿园的走廊和楼梯是连接室内和室外的通道，其环境设计首先应充分考虑通行路线、安全防护、紧急疏散等方面的要求；其次，走廊和楼梯环境因具有较强的开放性，承担了一定的对外展示功能，也体现和反映了幼儿园的管理水平和文化理念；与此同时，这部分环境空间又具有一定的教育功能，绝大部分幼儿园，尤其是室内空间较小的幼儿园，常把走廊环境作为教室环境的拓展延伸区域，充分利用走廊墙面和角落空间，创设一些可供幼儿驻足欣赏、学习探索的多元化内容。

为幼儿园楼梯和走廊创设一个布局合理，安全性、美观性和功能性兼具的环境，可以综合考虑以下几个要点。

### 1. 空间规划

☆随时确保楼梯和走廊所有地面平整、防滑、无障碍、无尖锐突出物，雨天或潮湿天气，进一步铺设防滑地垫、吸水布垫等设备，保证幼儿和成人在日常通行时的安全，这是这部分区域空间作为通道的主要属性必须满足的首要条件。

☆在走廊足够宽敞且不阻碍交通的基础上，可把部分活动区域设置于走廊边缘

位置或某个角落，如需要充足阳光的种植区、可能对其他活动产生较大声音干扰的建构区、角色区、音乐区等。当然，需要注意的是，在走廊设置活动区时，应充分考虑到便于教师在活动过程中对幼儿实施安全监护。

### 2. 环境创设

☆ 随时确保楼梯和走廊环境的干净整洁，及时清理杂物，清除人流来往时留下的垃圾、污渍等。

☆ 楼梯和走廊的整体色调应与幼儿园整体环境主色调相协调，避免过多采用颜色鲜艳明亮的背景和装饰物，以冷暖色调交替进行为宜，让幼儿和成人感觉活泼愉悦的同时，也感受到舒适与放松。

☆ 楼梯是幼儿园垂直交通通道，可利用墙面少量呈现经用心提炼的简洁明了的幼儿园教育理念、与教育理念相一致的名家格言、活动照片、儿童艺术作品或其他装饰物等，供幼儿和成人上下楼梯时浏览，

避免设置吸引幼儿驻足互动的墙面操作性材料，以免幼儿逗留阻碍交通造成拥堵，或发生坠落等意外事故。

☆ 在楼梯地面张贴表示交通方向的标识，如上下方向的脚丫、箭头、数字等，可指引幼儿进行自我管理，自主学习上下楼梯的规则，避免无序拥挤碰撞等情况发生。

☆ 充分利用走廊墙面，设置儿童学习与生活的展示区，如将幼儿的艺术作品进行精心陈列，既可以装饰环境，也可以记录幼儿的学习成果，还可以对幼儿起到一定的激励作用；将班级正在进行的活动实时记录展示，便于幼儿随时回顾了解，同时彰显班级文化和特色；张贴幼儿在园的生活点滴，帮助幼儿，尤其是小班幼儿建立班级归属感，同时方便家长更便捷地了解幼儿在园情况等。当然，在进行墙面展示时，应注意提前对所要展示的内容进行合理布局，注意美观性，避免琳琅满目张贴太多内容，给人造成视觉轰炸之感。

☆ 根据走廊高度和环境具体情况，适当利用走廊顶面，增加有内涵的吊饰用以调节空间布局，增添趣味性和美感，尤其对于天花板较高的走廊，这种方式可以从视觉上降低天花板的高度，增加幼儿的安全感。在选择吊饰的时候，一定要注意选择适宜的材料，保证吊饰的牢固性和稳定性，以免坠落造成不必要的伤害。

☆ 定期或根据幼儿园、班级活动进度安排，不定期更新楼梯和走廊墙面、顶面展示和装饰的内容，因为对幼儿来说，同一内容如果陈列时间太长，便会失去吸引力。所展示的内容应尽量能反映出幼儿近期所参与的生活和学习活动，以保持幼儿对环境的兴趣和关注度。

### （三）会议室

幼儿园一般会根据园舍整体空间的大小，设置一至两个多功能会议室，用于幼儿、教师、家长或来访者的各类集体活动。有单独设置的中大型会议室，为面向人数较多的教师或家长的培训和会议、幼儿大型活动等各类活动和对外接待活动提供足够空间；也有单独设置的小型会议室或设于教师办公室、教师阅览室或其他功能室中的会议室，为教职工小型会议、日常教研等活动提供较紧凑实用的空间。

对于单独设置的会议室，其环境规划和创设可以从以下几个要点入手。

**1. 空间规划**

☆ 会议室因常用于举办各类会议和较大型活动，系人流聚集地，一般不与幼儿活动室相邻，宜设置于幼儿园较独立的角落或楼层的边缘位置。

☆ 幼儿园会议室无论面积大小，应作为多功能场地进行设计和规划，在充分完善会议室各项功能的同时，可根据空间情

况兼顾考虑教研室、教师阅览室、教师图书室或幼儿音乐活动室等的功能设计，以充分利用场地，满足幼儿园不同活动的使用需求。

☆ 会议室的基本设备包括：桌椅、音响设备、视频播放设备、投影设备、书写设备等，再根据场地的其他附设功能增加相应的设施，相关设备设施的设置与摆放应选择边缘靠墙、靠角落的位置为宜。

**2. 环境创设**

☆ 有条件的幼儿园，可在会议室墙面增加环保隔音棉，以降低举办各项活动所产生的声音对外围的影响，窗帘作为软性装饰物也是必需的，既可以起到装饰环境、吸音的作用，也可以根据活动需要随机调节室内光线，窗帘的色调与材质宜与会议室主色调相协调。

☆ 作为多功能场地使用的会议室，宜选择轻便可折叠摆放的桌椅，以便于随时根据活动需要进行各种场地布置。

☆ 在适宜的角落、台面上放置绿色植物，起到点缀环境的作用。

## （四）公共卫生间

因幼儿园每个班级均有设置专供幼儿使用的卫生间和盥洗室，公共卫生间的主要使用者为成人及幼儿。为避免所产生的气味、潮气、噪声对其他场地区域的影响和干扰，公共卫生间一般设置于幼儿园相对边缘的位置，其环境打造以方便使用、安全私密、易于清理为主要原则，同时考虑一定的舒适度和美观性。

在规划和创设公共卫生间的环境时，可以考虑以下几个要点。

**1. 空间规划**

☆ 卫生间应包含厕所、洗漱区、物品存放区等，其中清洁和消毒物品应存放于幼儿无法触及且通风的位置，保持清洁干爽、分类有序。

☆ 根据卫生间面积大小，应至少分别设置一个高度与宽度符合幼儿身体尺度的便器和洗漱台，方便有需要的幼儿使用。

**2. 环境创设**

☆ 卫生间的主要色调可以浅色为主，并提供明亮的照明设备，给人以通透、干净、整洁之感。

☆ 地板应采用耐磨、不渗水、耐腐蚀、防滑和易清洁的材料，并随时保持干净干

燥，尤其要留意厕所、洗手台、水龙头地面等易有积水的位置。

☆ 卫生间门口处应有防止积水外溢的措施。

☆ 配备一个功率大、性能好、防止回流的静音通风设备。

☆ 配备必要的镜子、洗手液、纸巾、衣钩等设施，镜子表面应经常擦拭，保持干燥洁净。

☆ 在适宜的角落、台面上放置绿色植物，起到点缀环境的作用，同时营造空气清新的感觉。

## 二、 幼儿共享环境的规划和创设要点

幼儿共享环境主要指专用活动室和保健室。

有条件的幼儿园一般会设置专用活动室，如美工室、阅览室、科学室等。专用活动室是班级教室的有益拓展，具有较为明确的使用功能和教育功能，便于幼儿更深入地进行学习和探索。专用活动室借助其场地优势，可以容纳更多的活动材料，为不同年龄阶段和发展水平的幼儿提供充分的与环境、材料相互作用的空间，赋予幼儿更大的选择范围、自由度和灵感。本章将重点介绍美工室和阅览室。

一般幼儿园需要设立保健室，保健室是幼儿园卫生保健人员和营养工作人员的主要工作场所，为监测和指导幼儿生长发育及心理卫生保健，以及常见病预防、急病和意外伤害的紧急处理提供个性化空间。

### （一）美工室

艺术被认为是儿童的第一种语言（Koster，2005）。艺术活动不但可以激发幼儿的创造力，丰富他们的艺术经验，还能促进幼儿情感、认知、社会性、手眼协调能力等的发展。美工室通过营造一个富有创造力和艺术性的空间环境，提供丰富而有用的材料和工具，引发幼儿各种艺术创作灵感，为幼儿感受美、欣赏美提供了充分的条件和机会，引导幼儿用最独特的方式进行多元的艺术表达。在一间独立的美工室中，幼儿可以欣赏环境和材料本身的美学设计，可以通过观察、欣赏、体验、记忆和想象，进行手工创作和绘画，尝试用多种材料、方式进行平面或立体的艺术设计和创作过程。

规划和创设一间能够激发幼儿创作兴趣、让幼儿享受艺术创作过程、增加其多元艺术体验的美工室，可以从以下几个要点入手。

**1. 空间规划**

☆ 根据功能进行合理分区，可利用储物柜、屏风、吊饰等分隔出绘画区（水粉画、水墨画、油画、丙烯画等）、立体造型区（陶泥、黏土、橡皮泥、废旧物品等）、拼贴区、剪纸区等不同区域，同时在离水源最近的位置设置一个清洗区。用镂空的展示架和吊饰作为隔断是不错的选择，既可以营造出独立的区域感，也不至于遮挡太多的光线，同时方便教师兼顾其他区域的幼儿。

☆ 可利用室内或室外的某个角落设置一个幼儿作品展示区，用自制或购买的画框精心装裱幼儿的平面作品，用展示架美观地摆放幼儿的各种立体作品，并在展示时标注幼儿姓名，在一旁添加文字记录幼儿关于作品名称或想法的描述，以表达对幼儿的欣赏与重视，提升幼儿的创作积极性和自豪感。

**2. 环境创设**

☆ 有充足的自然光和灯光（Pelo，2007），灯饰造型能烘托或点缀室内的艺术氛围。

☆ 地面和桌面应容易清洗，避免幼儿在使用颜料、胶水等容易外溢或渗漏的材料时因担心污染地面和桌面而小心翼翼，进而影响创作体验。有些幼儿园会为桌面铺设易于清洁的桌布，有些幼儿园会提供一些木桌或画架专门让幼儿使用各类颜料进行艺术创作，让颜料自然渗透于桌面和画架上，既有独特的风格，也免除了幼儿和教师的后顾之忧。

☆ 提供足够数量、品种多样、安全无毒的美工材料，并选用适宜的容器进行有序分类放置，以便幼儿可以随时取用，包

括各类笔（铅笔、粉笔、蜡笔、毛笔、马克笔、水彩笔、笔刷等）、各类颜料（丙烯颜料、水粉颜料、油画颜料、墨水等）、各类纸张（打印纸、卡纸、麻纸、锡纸、砂纸、牛皮纸、报纸、水彩纸、包装纸等）、立体造型材料（黏土、陶泥、橡皮泥等）、基本工具（滚轴、钝刀、纸巾、订书机、打孔器、胶水、胶带、剪刀、海绵、放大镜等）、收集的自然物品和生活材料（树叶、树皮、树枝、木头、石头、贝壳、干果、空心粉、纽扣、珠子、吸管、各种材质的线等）、收集的废旧物品（空瓶子、盖子、包装盒、彩带、光盘、泡沫塑料、皮革、布料、橡胶等）、幼儿工作服等。

☆ 提供足够大的、规划有序的储物架或储物筐用于存放幼儿已完成或未完成的艺术作品、各类美工材料等，有助于保持整体环境的有序整洁。

☆ 在各个角落放置一些艺术书籍、图片或生活中的物品，供幼儿随时翻阅、观察或取用，激发幼儿的创作灵感。

☆ 利用墙面、角落、展示柜等，有规划地展示各种来自不同文化的艺术品（高质量的名画复制品、雕塑等）或幼儿作品，并定期更换，既能引导幼儿进行艺术欣赏，也可以强化美工室的艺术氛围，美化环境。

## （二）阅览室

阅读不仅可以促进幼儿语言的发展，还能在很大程度上促进幼儿的智力发展。有心理学家和教育学家经过研究发现，儿童早期阅读能力是对其日后智力发展影响最大的因素之一。可见，营造一个良好的阅读环境，帮助幼儿提升阅读能力具有积极意义，《3—6岁儿童学习与发展指南》就指出要"为幼儿提供良好的阅读环境和条件"。当然，提升幼儿早期阅读能力，要以幼儿阅读兴趣的培养和阅读习惯的养成为目标，而不是将幼儿在阅读过程中获取多少知识作为衡量标准。在园舍面积较大的幼儿园，除在每个班级创设语言区、图书角等区域外，一般还会创设一个独立的阅览室，为全园幼儿提供数量更多的各式阅读材料和辅助材料，进一步激发幼儿阅读兴趣，培养幼儿阅读习惯。在一间独立的阅览室里，幼儿可以聆听教师或同伴讲的故事，也可以自主阅读，可以进行分组阅读或个别阅读，可以利用教师提供的辅助材料，根据图书中的故事情节进行故事表演等。

打造一间能够引发幼儿阅读意愿、激发幼儿阅读兴趣的阅览室，可以从以下几个要点入手。

### 1. 空间规划

☆ 阅览室宜设置在相对比较独立或安静的位置，以减少其他区域活动或噪声带来的干扰，便于幼儿投入阅读。

☆ 可用书架、展示架、沙发等间隔物将阅览室分隔成几个区域，区域数量和大小根据阅览室面积而定，应有能容纳多名幼儿同时进行阅读的区域空间，也要有适合1～2名幼儿进行个别阅读的区域空间。

### 2. 环境创设

☆ 室内应有充足的光线，可打造透明的落地窗以增加自然采光，在光线不足的的情况下，投放足够的灯具。

☆ 营造一个舒适放松的阅读环境，在合适的区域铺设柔软的地毯、软垫，配置

软性沙发、靠垫、座垫、吊床等，同时提供足够数量的桌椅，供幼儿自主选择阅读位置。

☆ "阅读的第一步是，我们身边要有一批藏书，而这些藏书必须包括我们感兴趣的种类。"①营造一个良好的早期阅读环境，关键因素在于该环境所提供的图书数量是否充足，以及图书质量是否优良。按人均6～8本图书的标准确定图书数量，同时确保图书种类丰富多样以满足不同幼儿的阅读兴趣；选择优质出版社出版的符合儿童身心发展特点的图书，以硬纸板或较厚纸张等耐翻阅的图书为宜，也可提供部分幼儿的自制图书。

☆ 配备一定数量的书架、展示架、可随意摆放的书篮等，方便把图书进行有序陈列和摆放，架子的高度应以幼儿伸手能取到图书为宜，为架子和每一本图书贴上提示摆放位置的标识便于幼儿自行取放。

☆ "图书的陈列方式，决定着图书是否可以受到更多的关注。陈列完美的图书可以激发读者的阅读兴趣，并深深影响他们的阅读心境。"②将重点推荐的图书以展示封面的方式陈列在展示架上以吸引幼儿的注意；关注书架和展示架上图书的数量，数量太少零星散放影响美观，数量太多容易让幼儿眼花缭乱、难于做出选择。

☆ 阅读区要给幼儿提供积极参与阅读和讲故事的机会（Reutzel & Morrow, 2007）。提供一定数量的手偶、毛绒玩具、头饰或与图书配套的实物材料等，能帮助幼儿更好地融入故事情节，提高阅读参与度。

☆ 定期更新图书和配套材料以保持幼儿的阅读兴趣。

☆ 张贴一些提示阅览室阅读规则的图片，如小声说话、把图书放回原位等，帮助幼儿在阅读的同时学会自我管理。

---

① ［英］艾登·钱伯斯：《打造儿童阅读环境》，许慧贞译，5页，北京，五洲传播出版社，2011。
② 同上书，30页。

## （三）科学室

《3—6 岁儿童学习与发展指南》提出："幼儿科学学习的核心是激发探究兴趣,体验探究过程,发展初步的探究能力。"幼儿是天生的探索者,创设一间合理有效的科学室,提供丰富的材料和适宜的科学探索工具,能够引发幼儿探索和发现的兴趣,激发他们进行观察实验、动手操作的欲望。在科学活动中,儿童不仅能获得科学知识和技能,而且能提高其他方面的能力。比如,他们在科学活动中既提高了观察能力、问题解决能力、社会交往能力,又获得了收集和整理数据以及提出假设并

进行验证等经验。同时,他们还增加了词汇量并提高了人际沟通能力。他们从中获得了关于这个世界的不同概念。[1]

规划与创设一间能够激发幼儿探索兴趣的科学室,可以从以下几个要点入手。

**1. 空间规划**

☆ 将科学室设置于幼儿园较安静的区域,以便幼儿能够不受干扰地更加投入探索活动中。

☆ 选择带有窗户的房间作为科学室,阳光是一些科学活动的必备条件。

☆ 可通过多种方式将科学室分隔成不同区域：按照动静分开的原则进行分区,如科学观察区、科学小制作区等；也可根据活动内容进行分区,如物理科学区、生命科学区等；还可以根据活动方式进行分区,如桌面操作区、实验区等,宜将实验区设置于靠近水源的区域。

☆ 提供足够数量的桌椅供幼儿进行操作探索时使用,在空间条件允许的情况下,应有适合 1～2 名幼儿进行个别操作的桌子,也应有桌面较宽大的操作台,以便幼儿进行多人合作探索,同时便于在操作过

---

[1] ［美］朱莉·布拉德：《0—8 岁儿童学习环境创设》,陈妃燕、彭楚芸译,南京,南京师范大学出版社,2016。

程中放置各类操作材料。

**2. 环境创设**

☆ 选择科学室的活动和操作材料时，应充分考虑该活动和材料是否符合幼儿的年龄特点，是否有足够的数量供幼儿进行选择，是否具有可操作、可触摸、可感受的特点，是否能够引起幼儿的探索兴趣，是否能够鼓励"如果……就会怎么样"的探索（Charlesworth & Lind, 2007）。

☆ 科学室的材料，除部分具有预设目标的实验材料和操作材料外，还应有各种可供幼儿进行发现与探索的开放性材料、自然材料、各类探索工具、提供信息的电脑和书面资料、用于记录的纸笔等，以拓展幼儿的思维，满足不同幼儿在探索过程中的个性化需求。

☆ 配置开放式的、与儿童高度相适宜的架子，将操作材料贴上标签有序放置于架子上，鼓励幼儿自主取放。

☆ 通过设置一些较具吸引力的场景或设备、材料，如动物标本、太空服、机器人等，吸引幼儿注意，增加科学室的吸引力。

☆ 根据幼儿的学习进度与探索兴趣，不定期更换材料或变更区域，以保持幼儿对科学室的热情。

## （四）保健室

幼儿园保健室为在园幼儿身心健康保驾护航，一般单独设置于幼儿园一楼门厅、大门入口附近或临近幼儿户外活动场所的位置，以便及时对急病和受伤的幼儿进行紧急处理，不宜与幼儿活动室相混或设置在幼儿活动的主通道上。

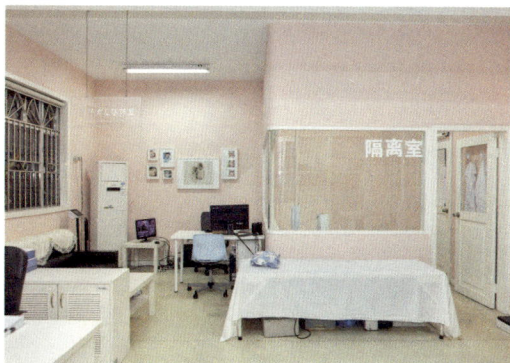

幼儿园保健室环境的规划与创设，可以从以下几个要点入手。

### 1. 空间规划

☆ 保健室宜选择朝南、通风、安静之处，整体环境应保持整洁、卫生、明亮。

☆ 保健室应有足够的空间安放各类设备器械，面积一般不少于15平方米。

☆ 保健室常与隔离室相邻，对于面积较大的保健室，也可将隔离室设置其中，两者之间的隔断最好使用透明玻璃，以便卫生保健人员可以随时观察处于隔离状态的幼儿情况。

### 2. 环境创设

☆ 部分幼儿，尤其是小班幼儿，可能会对保健室有抵触情绪，为舒缓幼儿的恐惧感和紧张不安的情绪，保健室的墙面主色调可选择较柔和或明度不高的冷色调，如黄绿色、浅绿色、浅蓝色等，其设计应符合幼儿审美。

☆ 保健室应配置的设备器械包括：一般设备，如办公桌、药品柜、洗手盆、诊查床、保健资料柜等；幼儿体检设备，如体重秤、身高坐高器、视力表及灯箱等；消毒设备，如紫外线消毒灯、常用消毒剂、测试纸、量杯等；常用医疗器械：听诊器、体温计、剪刀、镊子、手电筒、压舌板、软皮尺等。所有设备器械按期常规消毒，其中紫外线消毒灯的开关应与照明开关分开设置，并做明显标记，高度应在2米以上，以免幼儿误触。

☆ 保健室的药品柜应保持清洁，注意采取有效的防潮、防霉措施，药品的存放需分类定位：药品与非药品、内服药与外用药、串味药与不串味药等应注意分开放置于不同药柜，并以标签注明。

# 三、教师共享环境的规划和创设要点

教师共享公共环境主要包括教师办公室、教师餐厅，这些区域的环境反映了幼儿园的园所文化和教师团队管理情况。教师是幼儿园发展最核心、最重要的力量，以教师为本，创设一个温馨、舒适、开放、便利的教师公共环境，对提升教师的职业幸福感，增强教师团队的凝聚力具有促进意义。

## （一）教师办公室

教师办公室是幼儿园教师进行课程研究、教学研讨、备课、开会、家长接待或休息的场所，集工作、休憩功能于一体，是教师在幼儿园中除班级教室以外，最常使用的工作空间。打造一间整洁、美观、开放、实用的教师办公室，突出营造富有特色的办公室文化氛围，不仅能够反映出在这个环境中工作的教师的精神风貌、审美情趣等，也有利于提高教师工作效率，营造良好的工作氛围。

那么，要如何规划和创设教师办公室的环境呢？可以从以下几个要点入手。

### 1. 空间规划

☆教师办公室宜设置于临近幼儿活动室的位置，以方便教师往返于幼儿教室和办公室，为防止幼儿单独进入，可按成人高度设置门锁，或者张贴提示标识等。

☆对于有多个楼层的幼儿园，可根据场地情况选择于中间楼层设置教师办公室，也可以于每一个楼层设置不同年级的教师办公室。

☆根据办公室空间面积大小，可利用屏风、书架、桌椅、沙发、通道、地毯、绿植等对办公室进行合理分区，如办公区、研讨交流区、资料查阅区、休闲区等。可移动的隔断是灵活划分空间的好选择，可以根据工作需要随时调整空间布局，大大提升了场地利用率。

## 2. 环境创设

☆根据办园条件，按教师人数或班级数量配备办公桌，办公桌的排列可根据办公室场地情况，以高效利用空间为原则，可以采用一字位、L位、T位、F位、十字位等不同的样式，尽量为每个教师的办公区域预留充足的空间，同时设置一定的储物空间，如挂墙的书架、抽屉柜等，方便教师收纳个人资料和物品，保持整体环境整洁有序。

☆提供明亮的照明设备，选择暖色系的吊灯既可以美化空间，也可以营造温馨的工作氛围。

☆为提高工作的效率和便利性，除了必备的电脑设备外，可在办公室配置打印机、复印机、投影仪、黑板或白板等办公设备，注意电器插座、电线等的安全收纳和电源的安全管理。

☆充分利用办公室的墙面空间，进行环境装饰或书籍资料等的存放规划，教师活动照片、幼儿作品、教育格言、摆件、展示板等，都是墙面装饰的不错选择；为教师配备一个实用的大型公用书架，用于放置教师共享使用的教育书籍、教研资料等，能营造较好的工作氛围，也方便教师随时取阅使用。

☆重视办公室绿化，不但能净化空气，而且有利于教师在工作之余愉悦身心，提高工作效率。可根据办公室地面、桌面、墙面的空间情况，以不阻塞通道为原则，适当放置四季常青的绿植、盆花等加以点缀。

## （二）教师餐厅

教师餐厅既是教师在幼儿园用餐的场所，也是教师在工作之余交流畅谈、放松身心的空间。幼儿园一般会在厨房之隔规划出一个独立完整的场地作为教师餐厅供教师用餐。淡雅的色彩、柔和的光线、干净的桌布、整洁的餐具……对教师餐厅环境的用心打造，体现出幼儿园对教师的人文关怀，有助于形成良好的团队氛围，也能够在一定程度上增强教师对幼儿园的归属感。

我们可以根据以下几个要点来规划和创设教师餐厅环境。

### 1. 空间规划

☆教师餐厅应紧靠幼儿园厨房位置，备餐间的出入口可进行隐蔽处理，避免厨房气味和油烟进入餐厅。

☆餐厅应有宜人的空间尺度和舒适的通风、采光等物理环境，可按 1～1.5 平方米/座设置餐位。

☆教师餐厅的平面布局常采用较为规整的方式，一般设置取餐区、就餐区、洗漱区和餐具消毒区，可根据空间大小选择全开放空间设计或应用如绿化、屏风、玻璃隔断、推拉门等多种方式来划分各个不同的区域空间。

☆面积较大的教师餐厅，可以进一步考虑空间的多功能使用，提高场地利用率，配备一个大书架、展示架、投影仪等，便可在满足教师就餐需要的同时，打造一个用餐时间以外可以使用的多用途空间。

**2. 环境创设**

☆教师餐厅的室内色彩可考虑采用能增进食欲的暖色调，环境照明可采用光线柔和的吊灯、吸顶灯、筒灯等，避免过强的直射光。

☆餐厅地面应采用耐磨、不渗水、耐腐蚀、防滑和易清洁的材料，随时保持地面清洁干燥，同时墙面、取餐台、水池等设施的表面，均应采用无毒和易清洁的材料。

☆为餐厅配置符合人体工程学的餐桌餐椅，以提高教师就餐时的松弛感和舒适性。选择面对面或圆形桌椅，促进教师在就餐时的沟通交流。

☆以鲜花、小盆栽、小摆件、幼儿艺术作品对餐桌台面进行点缀，在美化环境的同时，可以烘托整体温馨的氛围。

## 四、家长共享环境的规划和创设要点

家长是幼儿园最重要的合作者，也是最常深入幼儿园与幼儿园管理者或教师进行面对面交流沟通的群体，同时，家长每日接送幼儿时，也会在幼儿园作或长或短的停留等待，随着家园共育的意义和重要性在幼儿园和家长群体中逐步达成共识，幼儿园的家长工作也越来越受到重视，而家长也越来越积极地参与到幼儿园的每一次观摩、交流与沟通之中。因此，创设一个面向家长的共享环境，让家长在每一次踏足幼儿园时都能体验到宾至如归的氛围，感受到受欢迎、受重视的温馨，能在一定程度上拉近家长与幼儿园的心理距离，为幼儿园家长工作的开展提供有益助力。

本书的家长共享环境主要指在幼儿园公共环境中所设置的供园级或班级家长活动、家长个别访谈、教师与家长日常交流或家长到园接送幼儿休息等待时使用的区域或空间。并非所有的幼儿园都设置了专用的家长接待室，幼儿园更常见的做法是在门厅或附近较安静的区域开辟出一个相对独立的角落作为家长接待区，或者将幼儿园教师办公室、会议室、幼儿活动室等场地作为家长到园时使用的交流场所。家长接待区的数量可根据园舍情况和工作需要确定。

不论是专用的家长接待室，或是设于其他区域的家长接待区，都可以考虑从以下要点入手，进行环境的规划和布局。

**1. 空间规划**

☆ 在幼儿园门厅、走廊等场地空间较宽敞的情况下，可开辟出一至三个安静分散的角落作为家长日常接待区，供有需要的家长在到园接送幼儿时稍作停留，休息使用。

☆ 对于要进行深入会谈的家长到访交流，宜选择相对安静又方便进出的室内场所，尽量避开嘈杂区域，以保证谈话不受干扰，可在临近幼儿园办公区域单独设立家长接待室，或在办公区域、幼儿园活动室，如教师办公室、会议室、幼儿阅览室等场所中较安静、独立的角落设置家长接待区。

☆ 作为单独设立的家长接待室，面积不宜过大，也应考虑空间的多功能使用问题，以提高场地利用率。

**2. 环境创设**

☆ 家长接待区的环境布置宜凸显整洁、温馨、舒适的特点，尽可能减少硬线

条和棱角，整体环境以清新、淡雅、柔和的暖色调为主，合理运用色彩、灯光和装饰物，光线适中，自然光、灯光强度合理。

☆ 提供沙发或椅子、桌子、柔软的靠、坐垫、桌布等，又有绿植加以点缀，给人以"家的感觉"，沙发或椅子可成90度或60度摆放，帮助到访的家长减轻压力，放松心情，静心投入家园沟通中。

☆ 大大小小不同规格的开放式书架是家长接待区的必备之选，书架上可摆放有关幼儿园情况的资料、幼儿活动资料、科学育儿书籍、幼儿绘本等，供家长等待时取阅。

# 第二节 全员共享环境

## 一、门厅

门厅是幼儿进入幼儿园的必经通道，应首先保证门厅的畅通。另外门厅的设计体现着幼儿园的特色与教育理念，因此其设计要充分利用空间，实现艺术和功能的完美融合。图中的门厅在保证畅通之外，设计了几个不同功能的活动区满足不同的需要。

进入门厅，首先映入眼帘的是一个生机盎然的植物架，架上摆着几盆颜色、形态各不相同的绿植，有墨绿、棕绿、浅绿，有大叶、有细叶。植物架中间摆放几本书供家长和幼儿随意翻阅，配以幼儿作品和藤框，层次分明而又充满诗意。

　　入口左侧，实木制成的汽车造型的椅子，让来园离园时的幼儿与家长能放下手中的重物，在这里稍坐片刻以整理或休息。旁边设置了一个稍大的休息区，窗户采用白色简洁的线条，与原木色天花板、浅黄色地面、深色墙壁形成鲜明的对比，再加上憨态可掬的河马造型，整体显得明快活泼。

门厅与教室连接的墙面采用镂空设计，利于采光的同时，也可让人随时观察到教室内的情况，彰显着幼儿园开放的办园理念。

门厅侧边较独立宽敞的角落，设置一个大型的公共游戏区。其中两面墙壁由树干做成的柱子支撑，形成了开放通透的空间，明朗的阳光照射和干净的空气流入，保证了游戏空间的舒适性。

门厅的一角设置了一个益智区，有着丰富的材料，摆放了一套圆形的桌椅，配以柔和的灯光，让幼儿流连忘返。

门厅中多处设置了长椅，供有需要的教职工、家长或来访人员交谈、休息用，体现着幼儿园接纳、开放、以人为本的教育理念。

门厅是一个多功能、开放的空间，在门厅较安静的角落设置家长休息区，供有需要的家长接送幼儿时停留休息。

随处可见的植物盆栽，为门厅环境增添了不少自然气息。

## 二、会议室

　　会议室的空间可大可小，但应能满足基本的功能需求，有必备的桌椅、现代化办公设备，如投影仪或显示器、音响、电脑、话筒、空调等；会议室窗户安装窗帘，可以随机调节室内光线。

　　中间的会议桌能满足少量人参与会议或活动的需求，在此基础上，可提供一些可折叠或可叠放的椅子，供多人参与时使用。

　　会议室应多功能化，以提高空间利用率，小型会议室可兼作教师阅览室。把幼儿园订阅的书籍和报纸杂志放置其中，教师可利用空余时间在会议室自主阅读。

小型会议室还可以兼作家长接待室。

大型的会议室可兼作礼堂，作为幼儿园举办大型活动的场地。

　　小型会议室整体色调采用白色的设计，使空间显得宽敞明亮、干净整洁，镂空的椅背让会议室活泼起来。

　　会议室的一侧墙面可以设计为展示墙，或放置陈列柜，将幼儿园的办园成果展示出来。教师在室内举行会议、阅览时，这些展示品对其都是无形的激励。

　　将会议室墙面设计成活动展示墙或员工风采展示墙，展示幼儿园精彩活动的瞬间或员工风采。

除配备必要的照明设备外，会议室的光线可根据需要通过窗帘调节至适宜状态。

# 第三节 幼儿共享环境

## 一、美工室

班级的美工区仅能满足少数幼儿创作的需要，而单独设置的美工室场地宽敞、区域众多、材料丰富、工具齐全、展品多样，有助于全方位对幼儿进行艺术熏陶，培养幼儿的艺术素养和创造力。

美工室的大门犹如通往神秘王国的通道，鲜亮、多样的色彩瞬间吸引幼儿的注意。大门造型独特，富有艺术性，门口用绿植、柱子作为隔断，营造了浓浓的神秘感，激发幼儿探索和创作的欲望。

美工室门口摆放各种艺术作品，可以是艺术名品，也可以是幼儿作品。像图片上这种用艺术性的方式大量展示幼儿美术作品，可以提升幼儿创作的成就感；同时作为幼儿园环境创设的资源，营造具有美感的环境，潜移默化地影响和培养幼儿的审美能力；也体现了幼儿园的教育特色。

美工室可以设置多个区域，如绘画区、手工制作区、自由创想区、泥塑区、清洗区、作品展示区等，是班级美工区的延伸和丰富。

区域的划分可借助美工柜、美工桌、展示架等，应既不遮挡光线，又保证各区域间不相互干扰。如左图中利用展示架摆放幼儿的泥塑作品，展示架又同时将绘画区与泥塑区自然分开。

透明的纱质隔断既能帮助幼儿集中注意力，又营造出神秘感，激发幼儿的创作兴趣；照片中的蜡笔摆放整齐有序，且方便幼儿取放；桌上摆放幼儿操作的照片和幼儿作品可以激发幼儿的创作想法，提升幼儿的成就感、自信心。

利用柜子、绿植等做隔断，为幼儿打造一个不易受干扰的艺术创作环境。

利用过道、展示架、储物柜、空中悬挂物形成隔断，让区域更明显。展示架上的作品可供幼儿随时欣赏，悬挂物为美工室带来轻松活泼的氛围。

柔和的灯光打在画板上，营造了一种静谧的氛围，引导幼儿沉浸于自己的艺术创作中。

灯光、软凳营造了温馨舒适的创作环境，有助于幼儿放松心情进行艺术探索。

平面和立体的艺术作品的陈列和展示，一方面激发了幼儿的创作热情，另一方面也拓展了幼儿的创作思路。

　　操作材料与工具摆放整齐有序、高度适宜，方便幼儿自取，既培养幼儿自我服务的习惯和能力，又给予幼儿自主创作的空间。

　　美工材料分门别类摆放于整理筐中，环境整洁有序。

　　颜料瓶摆放整齐，笔刷摆放一致，环境中充满秩序感，一切都是那么井然有序。

用瓶盖、笔帽、绳子、蛋糕碗等废旧
材料经过艺术加工创作的作品。

用日常生活中使用的锡纸捏出的小人，
一个个仪态优美，动感十足。

当旧瓶子遇上颜料时，仿佛穿上了新衣，成为一件艺术品。

当枯树枝被幼儿发现时，漆上颜色，彩色的小夹子化身树枝上的小鸟与小虫子，重新赋予了树枝生命。

各种绳子被幼儿打上结，用橡皮泥加以装饰，或者直接编织成一个大图案。

　　艺术的表现形式多种多样，对幼儿发展的促进作用也呈现多样性。设置陶泥区让幼儿通过捏制陶泥的方式进行艺术创作，既能提高幼儿对形状的灵敏度，又有效锻炼了幼儿的小肌肉动作，每一个作品都体现了幼儿独一无二的创意。

　　卡纸和瓦片这两种材料的结合，能够激发幼儿的创作兴趣，在不同材料上作画，一定有着不一样的体验。

各种废旧物品被组合在一起设计成立体造型，糊上纸屑，再染上颜色，生动无比。

这满满一桌子幼儿收集的瓶子，谁知道它被制成成品后的样子会不会惊讶到众人呢？

美术是幼儿表达内心世界的方式之一，每一位幼儿的表达都与他人不同，每一件作品都值得被认真对待。对一个形象的创作，每一个幼儿的作品都不一样。对幼儿作品进行展示，能够提升幼儿的成就感和自信心。

　　为了能够展示更多的幼儿作品，教师应尽可能利用现有环境条件创造展示的空间，例如墙面、展示架、置物台、小画板等。

　　幼儿平面美术作品类型丰富多样，如线条画、粘贴画、蜡笔画、水彩画等。环境中展示不同类型的绘画作品能够丰富幼儿的认知经验，使其感受艺术的丰富与创意。

大型立体美术作品具有多方面的作用：第一，作为幼儿园环境创设的资源，美化环境；第二，幼儿可以触摸、欣赏，趣味性强。

通过多种摆放和呈现方式展示作品，进一步提升幼儿作品的创作价值。

幼儿的作品经过精心制作和摆放，成为环境装饰的最佳选择。左图中窗户玻璃上平铺展示着幼儿作品，窗棂上也粘贴着幼儿的小画作，窗台上摆放着泥塑作品，使得整个窗户变得如此生动。

将幼儿作品进行创意摆放形成一个场景，如右图中的动物乐园，也是一个不错的作品展示方式。

旧箱子贴上幼儿作品,摇身一变成为幼儿艺术的展台。

小画板上放上某位幼儿"大师"的画作,仪式感十足。

楼梯的护栏上镂空排列着大量的幼儿作品，护栏也不再单调。

幼儿作品的成品与半成品被有序放置于美工室的角落里，到处都能看见幼儿学习与创作的痕迹。

利用大自然的树枝布置出别具一格的作品展示角。

小板凳被创作成憨态可掬的小动物。美工室里充满了想象力与灵气。

幼儿作品随时都可以成为幼儿园环境创设的最佳资源，幼儿也是幼儿园环境创设的参与者。

## 二、阅览室

　　引导幼儿建立良好的阅读习惯是促进幼儿语言发展的方式之一，有条件的幼儿园一般配备了阅览室。阅览室应设置于采光较好的位置，环境布置多采用浅蓝、浅绿、浅黄等颜色来营造宁静、舒适、放松、适合阅读的氛围。

阅览室提供舒适的桌椅，铺设柔软的地垫，吸引幼儿静心坐下来阅读。

此阅览室采用暖白色的整体设计，使得整个空间显得干净明亮、整洁有序。

大面积透明的玻璃窗使得户外阳光自然投射进室内，与室内灯光共同营造一个明亮温馨的阅读环境。

　　将阅览室设置于一个半开放的角落，并提供数量充足的桌椅，欢迎来园的家长和幼儿静坐下来享受阅读。

　　此类格式书架可容纳大量的书籍，全开放的格子便于取放。

图书的摆放方式主要有两种。在此图中，摆放在下方的图书封面朝外，面向幼儿，可吸引幼儿取阅；摆在上方的图书书脊朝外，便于大量存放。摆放于上方的图书可定期更换至下方，吸引幼儿阅读。

此阅览室一方面通过分设上下层，保证幼儿取放书籍的高度适宜；另一方面上下层的设计增加了层次感，也使空间得到充分的利用。

书籍正面摆放易于幼儿选择及取阅，书架的设计简洁而富有童趣，使安静的阅读空间顿时灵动起来。

桌面放置的阅读规则
标识和书架上的书籍取放标
识，让幼儿能够识别并逐步
建立良好的自主阅读秩序。

该阅览室也采用上下两
层设计，上层铺设软垫，下
层提供舒适的桌椅，满足不
同幼儿的阅读需要。

在上层阅读区的栏杆
上方安装隐形防护栏，在不
影响美观的同时确保幼儿安
全。

　　该阅览室空间宽敞，窗户面积大且设有窗帘，便于调控光线；桌椅和坐垫的摆放方式可促进幼儿在阅读过程中进行不同程度的交流。

　　造型各异的椅子，如柔软的沙发，有纱幔的躺椅，让阅读成为一件轻松舒适的事情。

　　该阅览室环境以白色为主色调，点缀以红色，简洁而富有生气；拱型书架和小房子形状的阅读区，让阅读体验更加美好。

　　拱形书架设置于供幼儿阅读用的坐垫旁，让取阅更方便；书架上摆放的不仅有书，还有玩偶，玩偶不仅可以营造充满童趣的环境，还可以充当书中的主人翁，供幼儿在阅读过程中进行角色扮演时使用。

　　阅览室配置颜色鲜亮、触感柔软的沙发坐垫，随意而舒适，让幼儿在自由惬意的环境里放松地享受阅读的快乐。

　　可爱的吊饰营造出生动的场景，激发幼儿对阅览室的喜爱；墙面上张贴着阅览室的阅读规则，引导幼儿养成轻声轻语、爱护图书、物归原处等阅读习惯。

给图书编号的方式让书籍摆放更加有序，取放方便，也帮助幼儿在检索、寻找书目的过程中建立秩序感。

阶梯式的坐椅，可同时容纳更多幼儿在阅览室里阅读。

## 三、保健室

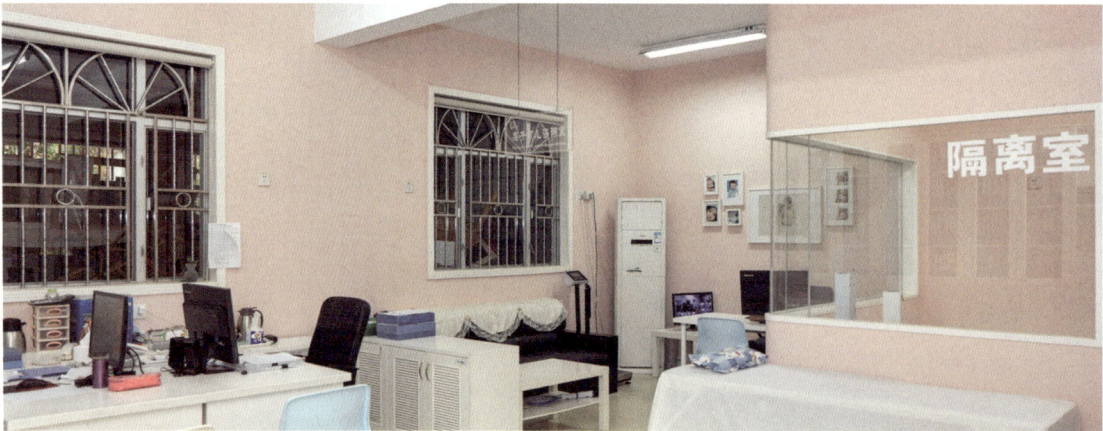

幼儿园保健室根据面积大小主要设置保健人员办公区、幼儿隔离区等。

部分幼儿对医生和疾病存在恐惧感，幼儿园保健室的环境应布置得干净、整洁、通透、温馨，能在一定程度上减轻幼儿的紧张与恐惧感。

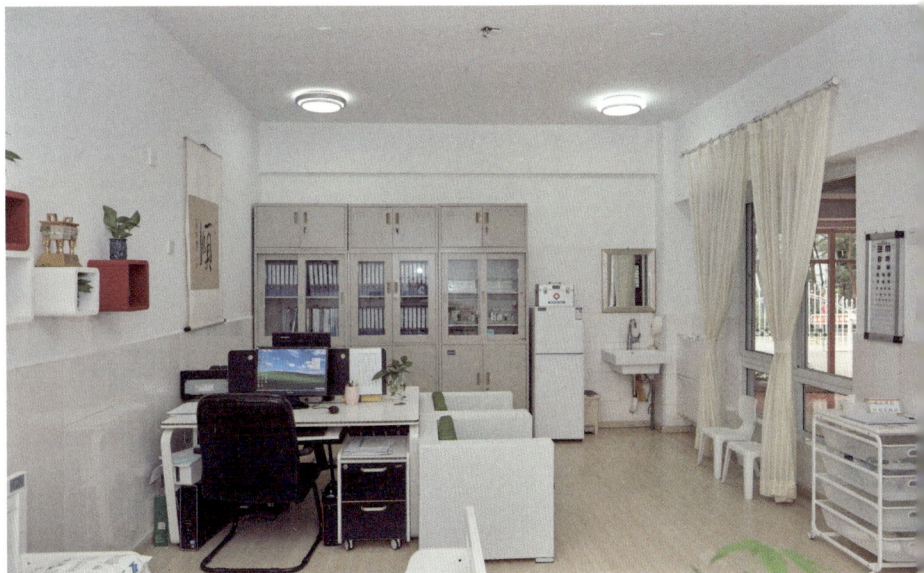

保健室设置幼儿等待区和幼儿检查区，避免幼儿拥挤排队而干扰保健人员为幼儿进行体检。

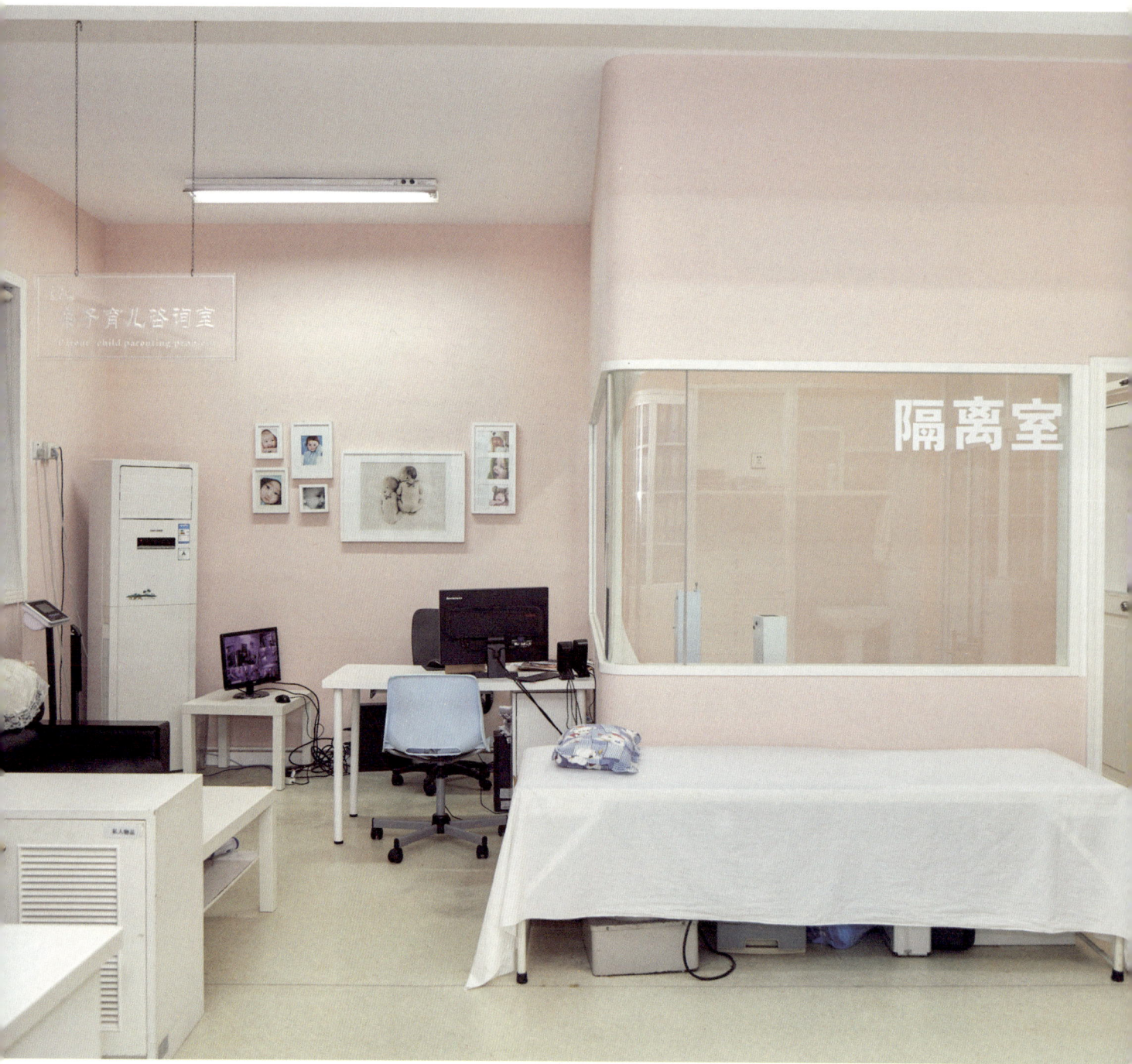

幼儿正处于身体发育期，免疫力较弱，传染病高发期容易引发交叉感染，设置隔离室，能在第一时间阻止传染源的扩散。

保健室的药品管理需非常细心、谨慎，家长委托喂药、幼儿园药品、晨检药箱应分开存放，摆放整齐并做好详细标识。

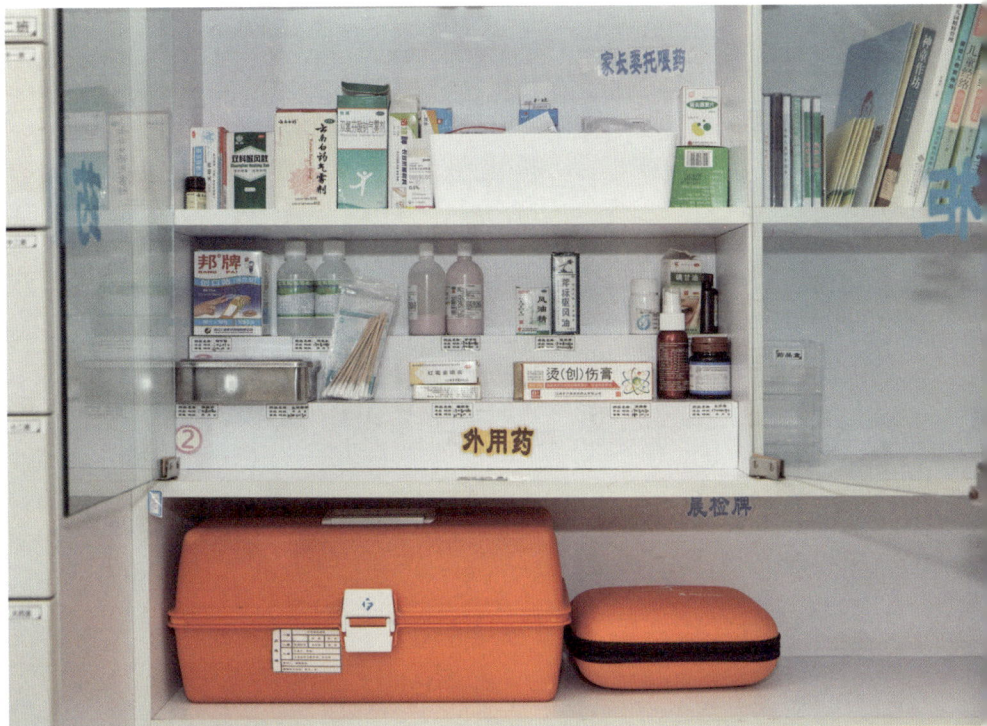

保健室的药品需由保健人员专门管理，其他人未经允许不可触碰。保健人员取放药品后应注意随手锁上药柜，以防他人误用。

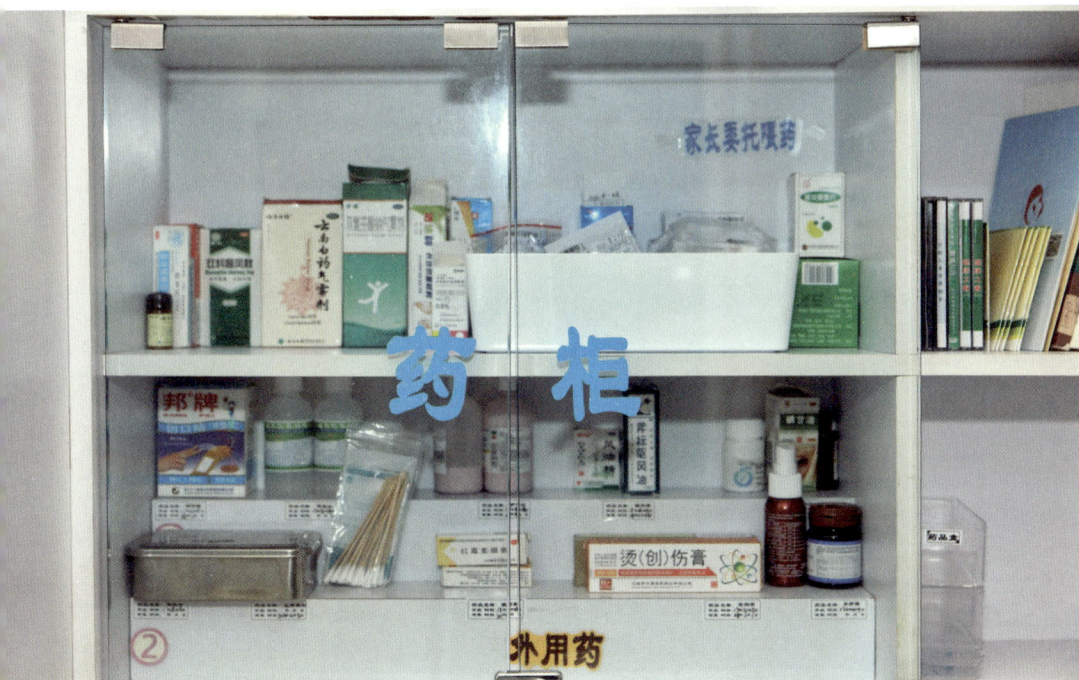

幼儿园保健人员需
对各项保健资料进行定
期整理存档，一方面将
保健工作体系化，另一
方面留存资料以便随时
查阅。

幼儿园保健室的资料主要涉及幼儿饮食营养、体格发育、五官保健、体检资料、体弱儿管理、疾病预防、健康教育、心理保健等，各项资料需分门别类，用特定的文件夹封装存放。

幼儿园卫生保健宣传栏展示食品安全公告、餐饮服务许可证书、每周食谱，可打消家长对幼儿在园用餐的担心和顾虑。另外，幼儿园可定期宣传卫生保健常识，家园合作保障幼儿的健康、安全。

# 第四节　教师共享环境

## 一、　教师办公室

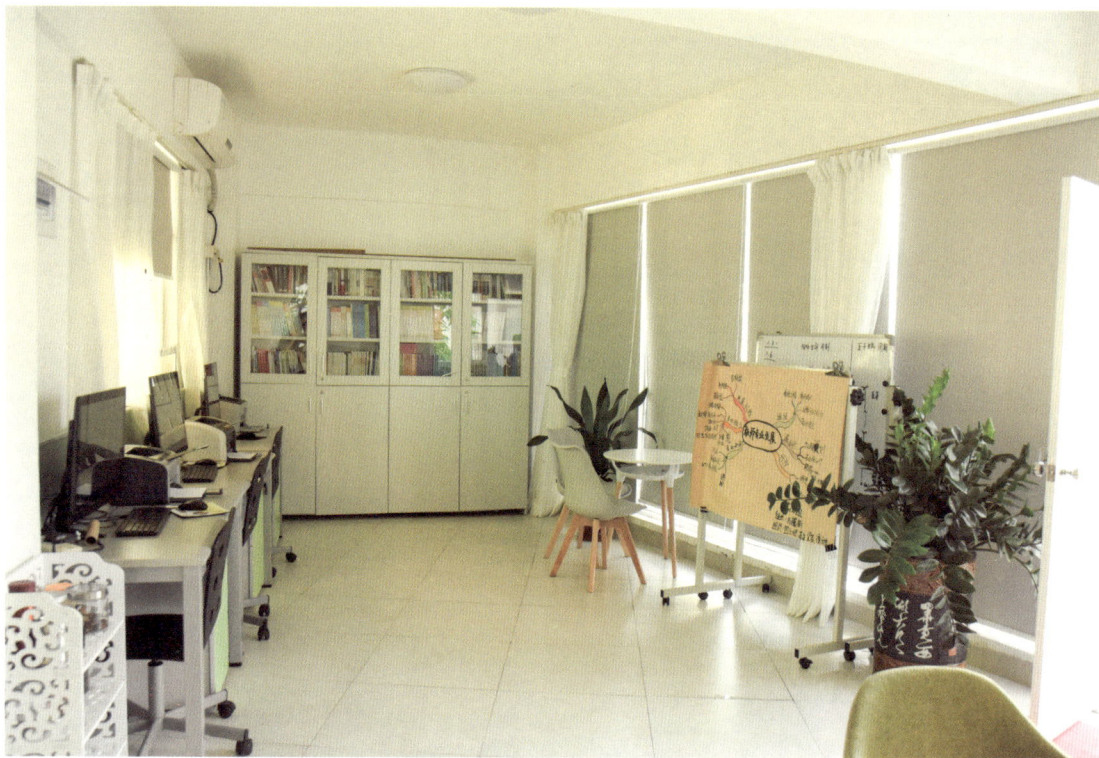

　　教师办公室环境或简约，或复古，或温馨……良好的办公环境和文化氛围既让教师们能感受到家一般的温馨，又能在优美的环境中静心工作。图中简约风格的办公室里配备几台电脑，书架立在一隅，一个圆形的小桌和展板供教师进行教学研讨或小型会议时使用，小环境孕育着大想法。

实木的地板和桌子，墙壁也粘上木板，这极具复古风的办公室里，除了地板是实木黑色的，其他地方大胆采用实木黄色，黄与黑相间，毫不死板，洋溢着青春的气息；办公室玻璃墙处设置了高层书架，大面积的书架让教师的书籍和资料可以得到较好的收纳。

全开放的办公区域，方便教师在办公时进行交流讨论。办公椅采用红黑相间的椅套，为办公室环境增添一抹亮丽的色彩。

　　黄色的实木板覆盖在墙面上，便于粘贴各类工作计划、表格和教育资讯等，简洁而实用。

　　整体办公环境宽敞而明亮，分区合理，植物的点缀更为办公室增添不少生机。

　　图中的办公室采用简约设计，几张办公桌配上电脑满足日常工作需要；长方形桌子使用频率也较高，为教师进行小组研讨、备课、会议、材料制作等提供实用场地；照片墙张贴教师活动照片，营造团队温馨团结的氛围，工作也更有动力。

办公室以白色为主色调，配以绿植的深绿和椅背的浅绿，大型的落地窗为室内提供充足的自然光，整个办公空间显得整洁而明快。

讨论桌和沙发的巧妙配置，让办公室内空间的可利用性和舒适性提高，小型的教师会议可以随时进行。

这是一间面积虽小却能容纳多人同时办公的办公室，办公桌面墙而设，教师面墙而坐，能最大限度地利用空间，同时减少因人多而带来的干扰；墙面上给每个座位都设置了小型书架，充分利用垂直空间来解决教师物品的存放收纳问题。

　　此办公室的设计与前者蕴含着同样的理念，即空间利用最大化。不同之处在于这里为教师提供的办公场地面积更大一些，每位教师均有一个相对独立的办公空间，充足的空间可以让教师充分放松与投入，办公舒适度更高。

　　用书架当墙或隔断物，是许多大型办公室进行空间划分时常采取的办法。图中办公室书架上充足的空间可以放置大量书籍与资料，方便教师随时收纳和使用，营造一个整洁的环境，同时书架上丰富的藏书又体现出幼儿园浓浓的文化气息。

大面积的落地窗，让室内自然光充足，教师还可以在工作之余欣赏窗外的美景，劳逸结合，以更好的状态投入接下来的工作当中。

这是一间充满爱的办公室，教师的办公桌椅不在屋子的正中间，而两套沙发成为办公室的主角，围坐的沙发供教师会议、教研时使用，而单人沙发让来访的人能稍坐片刻，放松心情。墙上张贴的照片中开心的笑脸让屋子里的爱更多一分。这样的办公室谁不愿意多待一会儿呢？

除了提供基本的桌椅、电脑和书架以满足教师基本办公需求之外，有条件的幼儿园可以在办公室为教师配备打印机、复印机等办公设备，让办公更便捷、更高效。

进行环境创设、教学具制作是幼儿园教师的工作内容之一，需要用到较多的工具材料。大部分环创的工作会在教室里进行，这样就需要占用教师大量的业余时间，有些幼儿园会在场地面积较大的教师办公室配置一张较大的操作台，既可以供教师会议、教研等活动使用，也很方便教师进行各种材料和教学用具的制作，在制作过程中教师还可以在办公室里与他人分享和讨论，找到更好的创意。

　　这个办公室一角同样也是为方便教师进行材料和教学具制作而设计的，两侧的墙面整体设计成为墙面柜，一侧的柜子设计成小格的抽屉，里面存放着各类纸质材料，用标签分门别类地整理好，方便教师取用。

另一侧的柜子则设计成大格推拉门储物柜，收纳放置其他体积较大或形状不规则的材料。教师的工作台设于正中，方便取用和放置各类材料。

　　这间办公室被精心设计，宽敞明亮，富有个性的灯具让人眼前一亮。教师的办公桌呈扇形摆放，使整个空间灵动起来，也增强了空间的层次感。每一处细节无不体现幼儿园以人为本的用心与精心。

　　办公室的书架设置在会议桌近旁，方便教师取放书籍资料。会议桌红格子桌布让环境中增添了一丝活泼与温馨。

各办公桌的间距适中，保证教师有充足的办公空间，保障空间舒适度。

在办公室内放置一些花草，可以起到调节净化空气的作用，也可以帮助教师调节心理状态，缓解疲惫，放松心情。

　　大型办公室里配置大型的盆栽，让办公室显得大气而又生机盎然；点缀在办公桌上的小型盆栽，让环境显得精致而又温馨。

空间较小或布局紧凑的办公室，适合精致的中小型盆栽和盆器搭配。靠边的墙边桌是亮点，很好地利用了角落空间，适合教师随意交流、休憩、阅读时使用。

一个小型书架，一小瓶绿萝，让桌面变得富有诗意和创意，体现了教师的用心布置。

绿色的盆景、绿色的灯具、精致的环境无不彰显着幼儿园对教师团队的重视与支持。

有条件的幼儿园还可设置户外教师休闲区，优美的环境让教师工作之余可放松身心，喝喝茶、吹吹风，缓解疲劳，以好的状态重新投入工作中。

## 二、教师餐厅

幼儿园教师的工作繁琐而辛苦，只有在进餐时方能得到片刻放松。而一间环境整洁优美的餐厅，不仅可以让教师们增加食欲，还能舒缓身心，交流信息，更有利于工作的持续进行。

上图中的餐厅设计温馨而又古朴，淡黄色的暖色调让人不由地放松身心；餐桌上的绿植和灯具体现着环境的精致；明亮的窗户让室内光线充足，通风良好，有利于保持空气的清新卫生；不同类型的餐桌，如长桌和圆桌，便于教师在就餐时随意交流，满足不同教师的用餐需求。

图中的餐厅设计简洁，干净的桌椅和洁白的地面，展示着干净卫生的环境；镂空的椅子让环境不单调，有了精致的美感，简约而不简单。

这是教师餐厅的一隅，适宜教师小组就餐时使用；复古的墙面上展示着各类教师活动照片，营造温馨团结的团队氛围。

这个教师餐厅面积较大，并进行了座椅分区设计，如长桌长凳区、四人用餐区、十二人用餐区等，各区域间用不同的桌椅来区分，或用屏风隔断。不同的区域设计，方便教师进行情感和思想交流，就餐时间成为教师放松和享受的时光；不同材质桌椅的提供体现了幼儿园的人文关怀，喜欢坐软椅的和喜欢坐硬面椅的都能自主选择。

　　图中长桌长凳区，长凳相对椅子来说更节约空间，容纳性更好；桌凳后设置了与桌凳同色的幼儿作品展示架和同色系的窗帘，营造和谐的用餐氛围；旁边的白色高椅高桌区，简约而实用。

　　餐厅中的一面展示架用于展示摆放幼儿的陶艺作品，体现了幼儿园对儿童文化的重视，同时也为幼儿参与创设、美化园所环境提供空间和机会。与展示架同色系的原木色桌椅、屏风隔断和窗帘，让整体空间显得协调而有格调。

　　十二人用餐区由四张长桌拼成，配以十二张软椅，方便教师在用餐时一起沟通交流；各用餐区之间留有足够的距离和宽敞的通道，避免多人同时就餐时显得拥挤，同时也降低了不同区域相互影响的程度。

　　餐桌旁设置了书架，便于教师餐后阅读小憩；两旁的树形景观，将整个餐厅衬托出了雅致古朴的气质。

  巧用室内灯光能弥补光线不足或满足夜晚的亮度需要；而淡黄色的吊灯像夜空中的孔明灯，营造了温馨的色调，也对整个用餐环境起到了一定的美化作用。

  此餐厅采用藤制桌椅作为餐桌椅，用瓷面充当桌面，以弥补藤条表面不平的缺陷，既干净，又易清洁。墙面上憨态可掬的厨师画像，白色的铃兰花灯饰与桌面上的白色花瓣相映成趣，让整个餐厅的气质提升不少。

小小的回字形设计餐厅，充分利用空间容纳更多人用餐，白色的桌椅让环境显得干净、整洁、明亮。

用一根根竹子摆放成餐厅屏风，起到隔断的作用，同时也构成书架，一物多用，富有想象力，让人眼前一亮。

餐厅的取饭区域也被精心设计，规整有序，不放过每一个角落，彰显幼儿园用心、细致的工作精神。

黑色的桌椅上摆放颜色明亮的茶具和花饰，墙面颜色采用高级灰，深与浅对比，黑暗与明亮搭配，这种跳跃色的设计让人感觉到青春的活力。

楼梯底部被设成教师的用餐区，同时此处因便利可作其他多种用途，如临时小憩、讨论交流，空间的利用率大大提升；开放的空间里桌椅摆放有序，干净整洁，较好地展现了幼儿园的日常状态。

淡黄色和米色的暖色调、舒适的坐椅，让用餐变成一件美好而不急躁的事情，帮助教师舒缓工作的紧张情绪，促进彼此间的沟通交流。

# 第五节　家长共享环境

　　幼儿园设置家长接待区能够增强家长的归属感，激发家长参与幼儿园活动的积极性和配合幼儿园工作的主动性。家长接待区摆放沙发、绿植、活动照片、活动奖章等物品，营造了温馨舒适、积极且有活力的氛围。

　　该家长接待区提供了干净整洁的室内环境、温馨舒适的沙发座椅，帮助来访家长放松心情，耐心坐下来进行沟通交流。

　　室内摆放一两套柔软舒适的沙发，营造出舒适的家园氛围，使家长有一种宾至如归的感觉，缩短了家长与幼儿园之间的心理距离。

　　家长接待区内墙壁上展示各届家长活动照片和家园合作的规章制度，便于家长了解并配合幼儿园工作；书架里可展示幼儿园的宣传资料、幼儿活动资料、幼儿作品、优质幼儿绘本、一些育儿书籍等，供家长等待时翻阅，也进一步加深家长对幼儿园办学情况、幼儿在园情况及教师工作的了解。

　　家长接待区精致且富有艺术气息的物品摆放，体现了幼儿园对品质的追求，是幼儿园文化的外在体现；物品的干净、整洁体现了幼儿园管理的细致入微，沙发、暖灯等物品营造了温馨、舒适的心理氛围，让到访的家长感觉被接纳、受欢迎。

　　对家长接待区的精心布置，能让家长在一定程度上体会到幼儿园对家长的尊重和重视，有利于家园合作。

花束、窗帘、绿植等物品营造出舒适、优雅的氛围。

家长接待区的地垫、抱枕使人感觉温馨、放松、舒适；图书的摆放鼓励家长与幼儿共同阅读，增进亲子间的情感；桌面上摆放的小装饰物让整个空间富有美感、艺术感。

　　家长接待区是幼儿园向家长宣传幼儿园文化、展示幼儿园工作的重要窗口，张贴展示一些幼儿教育活动、卫生保健、膳食营养等信息资料，让家长了解幼儿园保育和教育工作，并延伸至家庭，促进家园合作。

　　墙上幼儿的绘画作品向家长展现了幼儿园对幼儿的尊重和欣赏；角落里摆放家长图书和幼儿图书，让等待的时光变成增进亲子情感的温情时刻。

# 第三章
## 图说幼儿园班级环境

要创设一个有效的班级环境，需要考虑和平衡各种各样的因素。

——尔兹

按照儿童发展需求所创设的环境，有利于保教者和儿童建立正向的关系。它将管理和看守型活动降到最低，使保教者有更多时间观察儿童、与他们互动并促进儿童的发展。

——托瑞林、多瑞特

# 第一节 幼儿园班级环境规划和创设要点

正如我们所了解的，环境是幼儿园课程实施的重要载体，幼儿所处的环境不仅影响着幼儿的大脑发育，也影响着幼儿的行为方式。幼儿的班级环境，幼儿一周当中有大部分时间身处其中，对幼儿的学习和发展有着显而易见的影响。有研究表明，高质量的班级环境能够缩短幼儿之间获得成就的差距（Mashburn，2008）。创设一个支持性的高质量班级环境，需要花费教师大量的时间进行各种计划和思考，以充分满足幼儿在与环境的有效互动中获得学习与发展的需要。

规划和创设班级环境的主要目的是给幼儿提供一个适宜的学习环境，促进其身心全面和谐发展，但在实践中，并不存在一个适用于所有幼儿园班级环境规划与创设的统一解决方案。教师可以根据班级幼儿的实际情况（如数量、年龄阶段等）、班级的空间条件（如面积大小、形状格局

等）、设备设施和一日生活安排等具体情况进行综合考虑，同时要思考所规划的环境能否为幼儿在健康、语言、社会、科学和艺术各个领域的发展及所实施的课程的学习提供丰富、有益的机会。

了解了班级环境的意义及创设班级环境的主要目的，那么，究竟应该如何进行班级环境的规划和布局呢？下面，我们就来谈一谈班级环境的规划和创设要点。

# 一、 班级空间规划

## （一）在现有建筑环境中因地制宜地进行灵活布局

一是尽量让现有建筑环境的某个特征成为教室环境显著发挥作用的部分。每个幼儿园的已有建筑、每间教室都有与众不同的设计风格和空间布局。教师在创设班级环境时需要在已有的建筑环境的基础上进行规划和布置，因此，如何充分利用已有的环境和条件就显得特别重要。巧加利用，化腐朽为神奇，不仅能满足教室多样化的教育功能，还能调动幼儿的兴趣，使其愿意投入班级活动中。

二是关注自然光、水源和电源的位置，将需要利用这些资源的活动空间设置在附近。对于需要幼儿进行近距离用眼的活动，如阅读、绘画等，光源便显得尤为重要，尽量将靠近窗户的空间位置用于作为开展此类活动的区域；对于幼儿游戏过程中需要频繁使用水源的活动，如科学实验、沙水活动等，将活动区的位置设置于水源附近便能提供极大的便利，使教师或幼儿免于"长途跋涉"取水、用水、倒水，也能避免因此而产生的安全问题；需要使用电器的活动，如戏剧表演、烹饪等，应该选择靠近墙边电源的位置设置活动区域或者

选择重新布线，避免使用过长的电源连接线带来安全隐患。

三是适当利用教室走廊和阳台等附加空间，在此类空间面积足够的情况下，教师可以很好地加以利用。例如，可将有阳光照射要求的种植、养殖活动安排在走廊或阳台进行，对于可能产生较大声音干扰的活动，也可以安排在这里。当然，在充分利用这些附加空间的时候，教师应特别留意幼儿在活动过程中的安全监护问题。

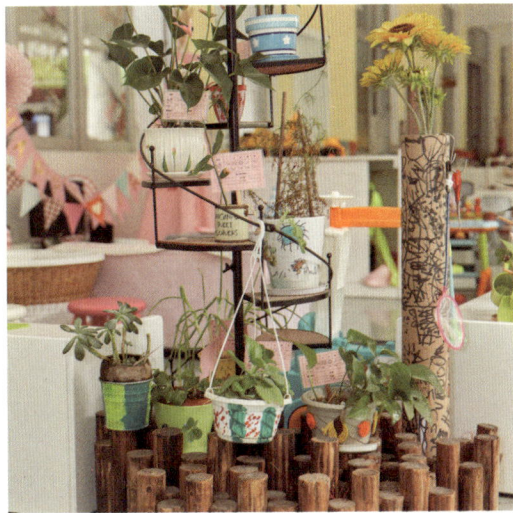

## （二）兼顾集体、小组和个别活动的空间需要

在思考一间教室的空间布局之前，教师需对在该教室中可能发生的幼儿活动类型心中有数。全美幼教协会（NAEYC）指

出："教师在不同的时间分别与儿童个体、儿童小组和班集体一起活动"是适宜幼儿发展的幼儿园教室具有的十大标志之一。[①] 也就是说，在进行班级环境的规划和布局时，应该兼顾在班级中开展集体活动、小组活动和个别活动的空间需要。

集体活动需要一个能够容纳班级所有幼儿的较大区域，以便在集体活动时间所有幼儿能够同时比较舒适地坐下来，这需要教师在进行班级空间规划时提前预留出相应的空间。有一种做法是在选定的区域地板上贴上圆形或椭圆形的线条，或者请幼儿在线条上贴上属于自己的标识或符号，集体活动时幼儿便可依据线条或其中的标识快速找到自己的位置。这样可以发挥环境的提示作用，一方面减少幼儿因为无法及时找到位置而引起忙乱和挫败感，另一方面也可以使教师从维持秩序中解放出来，把更多的精力放在活动的组织上。

小组活动对环境的要求是应便于幼儿与同伴或教师交谈、讨论、合作和分享经验，要创设能够容纳教师和一小组幼儿一起进行活动的空间。半开放、半封闭式的空间设计有利于幼儿自发性小组活动的产生与展开，半封闭的环境有利于小组成员

产生归属感和责任感，也便于小组活动不被外界打扰；而半开放的状态可以方便教师进行必要的指导，同时有利于小组与外界之间进行必要的交流。此外，提供一些方便幼儿共同活动的设施也是重要的，如可供 4～6 个人或者 6～8 个人共同操作的桌面或地垫等，都能方便小组成员之间进行多种形式的交流或引发合作行为。

个别活动，意味着需要为幼儿创设能够供其进行个别操作、游戏或独处的空间，有时可能是由教师面对一两个幼儿进行指导，有时可能是幼儿独自进行自发、自由的活动。教师可以在班级里提供一些可供一两个人坐下来进行活动的桌椅或地垫，可以在班级的角落里放置一张懒人沙发、一顶小帐篷、一个经过特殊处理安全的大纸箱，等等。教师在教室创设一些相对隐秘的、供单个幼儿独处的空间，是尊重幼

---

① ［美］卡罗尔·格斯特维奇：《发展适宜性实践——早期教育课程与发展》，霍力岩译，北京，教育科学出版社，2011。

儿个性化需求的体现，"一个可以让一两位幼儿玩耍而避免被其他幼儿干扰，且能被教师保护的地方，即被视为隐秘空间"。[①]在调查有独处空间和无独处空间的幼儿园时，我们发现，无独处空间幼儿园里的儿童，相对较少与同伴互动，他们更多地处于游离闲逛状态，并且更具攻击性。[②]当幼儿计划自己单独完成一项活动或挑战时，这个空间可以让他不被打扰；当幼儿不愿意和别人共处时，可以在这个空间中，按自己的情绪和意愿自由行动，且不会对环境和他人造成影响；当幼儿在持续的活动中需要休息放松的时候，提供这样的空间，能让他按照自己的节奏进行自我调整；而对于害羞或性格内向的幼儿，提供一个独处的空间可以让他安全地探究自己内心的感觉，而不易被人打扰。

### （三）根据几个因素确定适宜的区域数量和种类

一个班级中区域的数量和种类应该以多少为宜？范围多大为好？实践中对此并无定论。教师在思考班级中活动区域的空间布局之时，首先，应以幼儿的兴趣和发展需要为依据，确定班级里应该规划出的区域种类，区域种类的适宜程度，应以能够尽量满足幼儿认知、情感、社会性、语言、动作技能等多方面的发展需要为宜。这就要求教师既要对各类活动区的功能有清楚的认识，也要准确了解本班幼儿的兴趣、水平和需要。同时，区域的种类也并非一成不变，如果幼儿有特殊兴趣和需要，或者教师可以根据班级活动开展的需要，调整区域的内容和规模或者增加一些非常设的活动区域。

其次，教师应该根据空间大小和幼儿实际人数确定区域的数量和规模。以一间面积约120平方米、格局方正且设施充足的教室为例，如果该教室要供30位3～4岁的幼儿每天进行60～70分钟的区域活动，可以设置语言区、感官区、美工区、建构区、角色区、音乐表演区六个不同类型的区域；如果该教室要供35名5～6岁的幼儿每天进行约80分钟的区域活动，可以设置语言区、科学区、数学区、建构区、美工区、角色区、音乐表演区七个不同类型的区域。

① 郭李宗文、陈淑芳：《幼儿学习环境评量表（修订版）》，16 页，台北，心理出版社，2006。
② ［美］朱莉·布拉德：《0—8 岁儿童学习环境创设》，陈妃燕、彭楚芸译，95 页，南京，南京师范大学出版社，2016。

**（四）进行区域空间划分时应确保室内交通顺畅**

教师在确定班级里区域的数量和种类后，需要将教室的空间相对划分为不同区域，因区域的布局而形成的通道需要教师根据空间实际情况进行多次设计和考虑以找到最佳方案，因为通道的整体规划会影响教室里交通的便利性、畅通性和安全性。宽敞笔直的通道会激发幼儿奔跑的欲望，曲折、有障碍的通道能提醒幼儿小心谨慎地通过，而因交通的不便让幼儿过多地绕道而行、长时间的多次往返容易引发很多负面问题，如碰撞桌椅、相互冲撞、注意力分散、对活动的干扰等，教室里的通道最理想的状态是要在这三者之间找到平衡。

因此，在进行区域空间规划时，应注意区域之间要有便捷的路线，尽量避免让幼儿绕行；关联密切的区域应该安排在一起，避免幼儿在活动中多次往返于区域之间；能够容纳较多人数的区域，出入口应避免近距离面对面设置，以免造成通道拥挤；在有需要的地方张贴一些提示交通的标识，如箭头、表示方向和流向的图案等，通过直观、形象的辅助方法提醒幼儿留意教室内的交通规则。

## （五）进行区域场地规划时应注意动静分离

教师在班级中为幼儿创设丰富多样的活动区域，为幼儿提供了自主、自由的游戏机会，但在多个活动区活动同时开展的过程中，安静的和喧闹的、整齐的和凌乱的、条理严谨的和灵活随意的等活动之间常常会出现相互干扰的情况。为确保在同一时间开展的各区域活动都能顺利进行，减少彼此间的干扰，教师在设定区域空间位置时，应留意将容易彼此干扰的区域分开，实践证明，将各种区域按照动态活动和静态活动进行分类规划、分离设置是非常有效的减少干扰的做法。相对动态的区域通常包括建构区、角色区、音乐表演区、沙水区、木工区等，相对静态的区域通常包括美工区、阅读区、语言区、科学区、数学区等。

## （六）通过多种方式设置空间界线

当教师确定不同功能的空间区域具体位置后，就需要清晰的界线来帮助幼儿理解各个空间的具体范围。清晰的界线能够让各区域的功能更加明确，方便幼儿在了解不同区域游戏机会的基础上做出选择，同时，也能为幼儿提供安全感，为进入区域活动的幼儿创造不受干扰的环境。当然，需要强调说明的是，教室里的空间界线并不等同于学习活动的界线。理论上，幼儿的学习是整合的，因而某一种游戏并非只发生在某一个区域，某个区域也并非只能开展一种或几种特定的游戏，所有的活动区有可能是幼儿进行各种游戏的场所。实践中，有界线也并不意味着幼儿不可以灵活使用各区域，相反，教师应该鼓励幼儿根据游戏需要灵活使用不同区域中的材料。

教师可以通过多种方式设置区域之间的界线。一是设置固定界线，固定界线是指相对固定，不会经常调整变化的空间分界，如利用矮墙、榻榻米、阁楼、家具、玩具柜、空中悬挂吊架或标识、灯光、区域布置颜色区分等形成一个相对明确的空间范围，这类界线有助于保持各区域学习环境的相对稳定，利于幼儿尽快安心投入各区域的游戏当中。二是设置可变界线，可变界线指可以根据需要随时进行调整的空间分界。比如在为集体活动规划的空地上铺上小地毯，便可以为个别幼儿提供进行地面操作活动的空间界线，小地毯可视需要卷起或铺开，灵活可变；悬挂在空中的轻质卷帘或垂挂物可以视情况束起来或悬垂；屏风或布帘可以随时展开或收起；

根据幼儿游戏需要，利用小而轻便的材料或小家具在适宜的范围内设置临时游戏场地等。可变界线的运用，一方面可以充分发挥幼儿的主观能动性，支持他们根据自己的活动需要自主创设游戏情境；另一方面还可以增加区域空间使用的灵活性。

需要说明的是，无论在班级中运用固定界线还是可变界线，其材质、规格或使用方式都应安全无隐患，同时不应妨碍教师对在各个区域中活动的幼儿进行观察和指导。例如，用于作为分界隔断的玩具柜，应该选择低矮、通透式的；空间垂吊或分隔物应该选择牢固稳定、半遮挡或半透明材质的，等等。

## 二、 班级环境创设

### （一）通过多种方式创设温馨的环境氛围

幼儿一日在园时间较长，可以说，幼儿园是幼儿的第二个家，幼儿教师应努力在班级中为幼儿营造家一样的氛围，帮助幼儿在园期间建立安全感和归属感。我们可以从以下几种方式入手，尝试在班级里为幼儿营造一种温馨的环境氛围：在相对安静的活动区域里创设明亮、温暖、柔软的空间环境，如选用柔和而明亮的色彩，采用布艺、纱帘、地毯、小沙发、靠垫等软性材料来布置等；在比较活跃、动态的活动区域里创设清凉、硬朗、对比较强烈的空间环境，如选用活泼、明快的色彩，运用粗线条、简洁的布置等；在比较私密的活动区域里创设安全、温暖、接纳的空间环境，选用温馨的暖色和比较温馨的灯光，运用具有一定视觉遮挡效果的帷幔、帘子、帐篷等，提供让人感觉舒适、放松的软垫、豆袋椅、抱枕等来布置，放置家

庭常用的相框、电话、花束、娃娃和玩偶等装饰物品；在艺术创作的活动区域里创设不同质感、不同形状、不同色彩、不同视角的浓郁而丰富的空间环境，如选用丰富而主题鲜明的色彩，运用堆砌和有层次感的布置，呈现各种对比或者序列等，或者改变空间的物理参数，如在空中悬挂装饰物，改变天花板的高度，用一些立柱式的设施或装饰改变空间格局，运用一些灯光营造空间效果等；把大自然带进教室，创造生机勃勃的空间环境，如养一些合适在室内生长的小盆栽、小动物，摆放应季鲜花等，收集各种树枝、木材、干果、石块等作为活动材料或装饰物；利用一些个性化的布置和装饰，创造丰富而别致的空间环境，可以通过摆放一些幼儿的作品、艺术品、适量的装饰物等，通过有创意的排列、搭配和摆放方式营造视觉上的美感体验，也可以配合主题活动或节日，营造特别的氛围，如国庆节、中秋节，打造一个小角落用于展示国旗或幼儿收集、制作的月饼等。

## （二）提供丰富的活动材料并精心摆放

一个毫无刺激的环境，会使学习者的知觉变迟钝。过分单调的刺激或单一的参与形式，则易导致大脑疲劳，使兴趣受到抑制，影响幼儿学习活动的有效性。如果幼儿能够在班级环境中获得多样化的、丰富的感官经验，拥有适度变化而且美好的心情，必将有助于他们一天中快乐而有意义的学习与生活。班级环境的成功打造，除了空间的合理规划和视觉装饰的和谐搭配，教师是否能为幼儿提供充足且丰富的活动材料同样重要。幼儿的学习与发展需要精心创设的区域和丰富的材料，活动区是教师为幼儿创设学习环境的一个常见且重要的途径，而教师为幼儿提供的具有发展适宜性的丰富的材料为幼儿提供了大量的创造和学习的机会，进行各种试验和解决问题的机会，以及与其他幼儿游戏，学会轮流操作和分享的机会等。在一间教室里，教师应视幼儿的年龄段提供不同数量

的材料，如在小班教室里，不宜摆放过多的材料，因为材料数量过多会干扰小班幼儿对活动的选择和专注度；与此同时，教师应确保每个幼儿都能有自己感兴趣的材料；保证处于不同发展阶段的幼儿都能找到有挑战性的材料；而材料的种类包括可以独自使用和需要合作使用的，封闭性的和开放性的，教师自制、成品和自然物的，等等。

美国早期教育专家柯蒂斯和卡特指出：材料的收集、准备及摆放都反映了教师的教育价值观，形成对幼儿学习内容与能力以及教师角色的看法。[1]他们将学习材料比喻成教师送给幼儿的礼物，认为教师不仅要乐此不疲地寻找幼儿可能喜欢的东西当作礼物，还要包上漂亮的包装纸和丝带，写上祝福的话，把礼物体面地送出

去。这个例子启示我们：在活动区投放适宜的活动材料固然很重要，但也要注意如何用恰当且能吸引幼儿关注的方式去储存、摆放和展示活动材料。用引人注目的方式展示和摆放材料，可以吸引幼儿的探索兴趣，激发幼儿操作的积极性，同时，从另一个方面，也体现了教师对幼儿学习和游戏的重视程度。教师可以通过以下策略进行材料摆放。

**1. 开放地展示材料**

这要求所有的材料没有遮挡地摆放在幼儿常规活动的视线范围内，并且靠近幼儿活动的空间，保证幼儿随时可以看到并且方便取放。为此，最好选用透明的容器，或者用材料的照片、图片做标记贴在容器醒目的位置上。

**2. 摆放整齐有序**

摆放得整齐有序的活动材料可以向幼儿清晰地传递该区域可以做什么活动的信息，包括：有哪些活动材料？材料属于什么地方？它们有什么用处？同时，整齐有序地摆放的活动材料还有助于幼儿理解环境中的秩序，逐步内化为自身行为的秩序感。

**3. 展示关联性**

一个容器，如一个托盘或者一个竹筐，

---

① ［美］德布·柯蒂斯、玛吉·卡特：《和儿童一起学习：促进反思性教学的课程框架》，周欣等译，54 页，北京，教育科学出版社，2011。

可以传递需要配合使用的工具与材料之间的联系，引发幼儿思考该如何使用材料。同时，容器与材料之间、材料与材料之间尺寸的匹配、色彩的搭配等还会带来更具吸引力的美感。

### 4. 呈现差异性

将类似但又各具特质的一组材料同时呈现，可以吸引幼儿关注到材料之间的不同之处，从而引发探索行为。

### 5. 保持完整

储物柜及容器应足以容纳一项活动所需的全部材料，且便于幼儿取放、搬运。

## （三）配置舒适且便于使用的设施设备

在班级环境中，设施设备的配置不仅影响整体环境的美感和秩序，同时也会对幼儿的学习和游戏产生影响。

### 1. 提供充足的收纳储物设备

创设一个整洁有序的班级环境，离不开充足实用的储物空间，教师应在进行环境布置的时候，充分考虑班级储物设备的合理配置，如用于放置活动材料、备用材料和私人物品的各式玩具柜、书架、储物柜、各种托盘、储物盒、篮子或袋子

等。合理的储物空间有助于减少环境的凌乱感，方便材料的取用，同时提高玩具和材料的轮流使用率，以及将资源利用最大化（Greenman, 2005a）[1]。储物空间利于材料的有序摆放，方便幼儿随时取放所需的材料，从而产生对环境的控制感，提升自主性和自我管理能力。教师应尽量选择开放式的、低矮的玩具柜、书架、储物柜，在不遮挡空间，方便教师对幼儿进行安全看护的同时，也利于幼儿自主存放材料物品。供幼儿使用的储物区应设置于相应的使用区域附近，同时为材料和物品贴上一一对应的标签。对于备用材料和物品以及不能供幼儿取用的物品，教师应放置于幼儿无法触及、独立的储物柜中。用于盛

---

① Greenman, J, *Caring spaces, learning places: Children's environment that work*, Redmond, WA: Exchange Press, Inc, 2005.

放幼儿使用的活动材料的托盘、储物盒等，格里曼（Greenman）建议教师尽量采用木头或枝条制作的原色收纳用品或织物、金属罐，同时减少塑料制品的过度使用，可以为环境增加温暖感和提升质量。一些规格一致、颜色统一的牛奶罐、硬质纸盒等，经过简单的加工制作，也可以摇身一变成为既环保又实用的储物工具。

## 2. 提供不同规格和类型的舒适桌子和坐具

大部分班级里使用的桌子是同一规格的，如果条件许可或者幼儿园里正好有一位木工师傅的话，可以选择或者自行设计制作更多规格和类型的桌子。一方面，通过提供两种以上不同高度的桌子，可以让幼儿在更丰富的空间里活动自如，如对于中班的幼儿来说，高约45厘米的桌子是常规配合椅子使用的，适合绘画、书写、桌面操作等活动，30～45厘米高的桌子，则可以让幼儿更加灵活地使用，他们可以席地坐着、蹲着或跪着而不需要椅子。同时，较矮的桌子能为幼儿提供更广阔的视野，适合幼儿进行不需要用笔的操作活动等。另一方面，为幼儿提供大小不同的桌子，便于幼儿参与各种性质的活动。面积较小的桌子适合一个人的活动，桌子的边线即幼儿自我空间的界线与标志，在这里活动的幼儿应该是独立的、不被打扰的；面积适中的桌子更容易引发幼儿间的对话，更便于幼儿观察彼此的活动情况及进行语言交流，同时无须因为远距离而放大音量对班级的整体秩序产生影响；桌面宽大的桌子一般不适合年龄较小的幼儿使用，但对于中大班的幼儿来说，是参与特定活动的好选择，如美工区的艺术创作、科学区的实验探索等，教师可以在宽阔的桌面上同时展示、摆放各种活动工具和材料，不同的幼儿可以便捷地共享材料，同时不受干扰地进行活动。为不同活动区域配置不同形状的桌子，可以让教室的空间变得更加生动，也能在视觉上帮助幼儿简易区分各活动区。圆形桌没有棱角，两名或两名以上的幼儿使用时比较灵活，方便合作。正方形、长方形或者梯形的桌子因为有固定的桌角，可以方便幼儿明确地区分自己和他人的活动使用范围。再者，设置一些有专属功能的桌子，可以为一些活动提供特别的支持。例如，沙水桌的提供可以让玩沙、玩水成为室内常设的活动；以灯箱作为表面的桌子可以让幼儿更加清晰地观察，更加丰富而准确地用绘画进行表达；表面宽阔且适度倾斜的桌子更加适合幼儿进行自由自在的艺术创作等。

　　而为幼儿提供的椅子和其他坐具，除了足够的、能够供班级幼儿同时坐下来、

主要用于满足集体活动和进餐等环节需要的椅子外，还应该有更加丰富的选择。幼儿可以根据桌子高度，选择席地而坐，还可以选择体积更小、便于收起来的小凳子。在阅读区、私密角等区域，没有固定形状的豆袋椅、小沙发、充气椅、便于移动的蒲团和各种舒适坐垫，都是不错的选择。在保障安全的情况下，教师还可以为幼儿提供高度和尺寸适宜的吊床，幼儿可以爬上去看书、休息或者玩耍。多元的选择和丰富的活动体验会使班级环境更加充满吸引力。

### 3. 配置配件巧用地面空间

　　把班级地面当作活动操作平台，是既经济、便捷又广泛适宜的一种方式。首先，幼儿会感觉到身体更加自由，动作更加灵活。尤其是当幼儿用大型积木进行搭建活动时，选择地面作为搭建空间会比在桌面上操作更省力，宽阔平坦的地面空间也利

于幼儿游戏的拓展。其次，地面既可以作为幼儿活动的操作平台，也可以让幼儿席地而坐，这在很大程度上减少了家具的使用，给予幼儿更大的活动自由度的同时，也大大节约了班级空间。再次，让空间的不同维度得以利用，幼儿活动时可以更加均衡地分布在高低层次的空间，减少同一维度中的拥挤感觉，同时也给幼儿创造更加立体的空间视觉体验。为了更加合理地利用地面空间，教师可以尝试在班级的边缘位置搭建类似于榻榻米的小平台，使地面升高 10～15 厘米，便可以为幼儿打造一处相对独立、实用又便于清洁整理的地面活动空间，也可以对班级幼儿集体活动场地相对较宽敞的地面加以利用，提高空间利用率。在把地面空间作为幼儿活动平台时，教师要根据幼儿活动的需要配备一些用于操作或供幼儿就座的物品配件，如整块的大地毯、拼装的地垫、可以随时铺开或卷起的小块线织毯、蒲团、坐垫等。

## （四）合理规划和利用墙面空间

班级墙面是班级环境创设的一个重要空间，这个空间的装饰和布置在很大程度上对班级整体环境的视觉效果和氛围产生影响，因此也应得到教师的重视。在进行墙面空间环境布置之前，教师应先行思考墙面环境创设的主要目的，除了让墙面空间为幼儿提供美的视觉享受，为班级整体环境增光添彩外，更重要的目的是为幼儿增设一个垂直空间的学习平台。墙面环境应能激发幼儿对某个内容的兴趣，吸引幼儿的互动与操作，提升幼儿的想象力和创造力。有了对目的的清晰认识，教师应对墙面的空间布局心中有数，哪些墙面空间可以多加利用，哪些地方应该适当留白，哪些地方可以进行互动性操作，哪些地方适合展示观赏性的内容，如幼儿的作品、幼儿感兴趣的主题或正在经历的经验记录等。在具体进行墙面装饰布局时，教师应注意以下几个内容。

### 1. 从幼儿的视角出发选择适宜的高度

班级墙面所布置的内容，其使用主体和展示的对象是幼儿，因此，教师在设定张贴和悬挂物品的高度时，应从幼儿的视角出发，以与幼儿的视线平行为宜。布置得太高，幼儿观看和操作起来不方便，使得整个墙面布置失去了应有的意义，也易给人带来视觉上的凌乱感。

**2. 展示与幼儿实际经验相关的内容**

墙面环境是幼儿在班级学习和生活中时时刻刻要接触到的，其所张贴和展示的内容是否能够引发幼儿的兴趣，是否能激发幼儿探索和操作的意愿，就显得尤为重要。选择幼儿在实际学习和生活过程中正在经历和体验的内容，或者幼儿在园学习过程中需要使用和操作的内容，是引发幼儿与该环境产生互动和连接的较好做法。比如将幼儿每天的出勤情况记录、天气观察记录、活动区域选择计划、植物观察记录、值日生工作安排等内容进行立面可操作的设计，变成墙面操作材料，既能节省平面空间，又增加了幼儿与墙面环境的互动性；为幼儿参与美术创作的艺术作品、参与班级主题等活动的过程性照片增加背景修饰并进行展示，让幼儿成为展示内容的主角，同样也可以吸引幼儿的注意并提升观赏兴趣。

**3. 避免杂乱无章造成视觉轰炸之感**

对墙面空间进行合理规划的另一个目的是避免教师在进行环境布置时出现无计划张贴、填补空位的情况。当班级墙面被无序地张贴过满时，容易给人以杂乱无章的视觉轰炸之感，失去了其应有的美感。教师在确定呈现内容时应先有所甄别和筛选，哪些内容值得给予一定的空间呈现，是一次性呈现完毕，还是分次、分块布置，都是应该思考的问题。同时，应避免过多地使用明亮的原色，如用各种三原色彩纸作为底衬张贴幼儿作品、照片等。

**4. 有计划地更新内容**

无论多实用、多精彩的展示内容，时间一长，便无法再引起幼儿的兴趣。因此，教师应确保墙面所布置和展示内容的时效性，做好墙面环境定期更新的计划，以保持幼儿的注意热情。

# 第二节 整体环境

幼儿和教师通常每天要在班级里待几小时的时间，创设一个规划合理、环境优美、井井有条、富有启发性的班级环境就显得尤为重要。一个高质量的班级环境，应具有美感，包括班级空间的规划和布置的方式、材料收纳和存放的方式、墙面设计和展示的内容和方式等，都是影响班级环境吸引力的因素。

　　要发挥环境对幼儿学习与发展的促进作用，就需要在整体上对班级环境做出合理规划和布局。在规划和创设班级环境时，自然采光和灯光、空间的利用和划分、颜色的选择和搭配、材料的种类和质地等都是需要整体考虑的要素，将这些要素统整起来进行设计，才能让整体环境达到和谐、统一。

幼儿园的课程目标、教育观和儿童观都能在班级环境中有所反映，我们也常常能从环境的细节当中看到幼儿在班级中学习和生活的方式。

物质空间的布置方式隐含着某种哲学，它对幼儿在其中可以做和将会做的事情具有明确的影响。一个资源丰富的班级环境，能让幼儿更加独立自主地进行学习和探索，而丰富的材料资源应多而不乱，它们的摆放和展示的方式，能影响幼儿与其发生互动的动机和兴趣，如果陈列适宜，便能激发幼儿与之互动的主动性和积极性。

将班级环境划分为不同的活动区域，并根据幼儿园的教育目标进行系统的规划和布局，能够给幼儿的学习和发展带来多方面的益处。与此同时，教师通过有序进行班级物品布局、与幼儿共同讨论制定物品使用规则，逐步引导幼儿在脱离教师直接指导的情况下也能够独立自主地使用班级中的各活动区域。

从满足幼儿发展需要的角度看，通过创设丰富多样的活动区来规划和布置的班级环境是以幼儿为中心的体现，允许幼儿更多地根据自己的意愿将注意力集中在活动和材料上，这样既可以为幼儿释放充沛的精力提供支持，为他们施展想象力与创造的天性提供机会，也能帮助他们通过亲身操作、动手体验了解这个世界。

　　从空间利用的角度看，以规划活动区域的方式来布局班级整体环境能够大大提高空间利用效率。当幼儿根据自己的兴趣选择不同的活动区域参与活动时，班级中绝大部分的空间及设施同时在使用，这样就避免了空间的拥挤和设施材料的紧张。

　　从促进师幼关系的角度看，当活动区域为幼儿提供了独自活动所需的空间和材料时，幼儿便有可能成为游戏和学习的主人，教师对于幼儿自主活动、自己解决问题也更有信心。有了精心设计的活动区，教师就不必时刻忙于分发材料、看管使用过程，而有更多的时间用于观察幼儿，了解幼儿的发展水平、特点和个别需要，并且在必要时以适当的方式提供支持、引导和合作。

在进行班级活动区域的规划和布局时，教师可以根据班级幼儿的实际情况、班级的空间和物质条件、一日生活中幼儿区域活动时间长短等具体情况进行综合考虑，应考虑所规划的活动区学习环境是否能够为幼儿在各个领域的发展提供丰富、有益的学习机会。

　　幼儿在各活动区域游戏的过程中，往往将注意力集中在正在进行的游戏上，在各区域之间设置隔断能够在屏蔽区域之间的干扰上发挥一定的作用，同时，区域间隔也能为幼儿提供身体及心理的安全感。通过使用书架、阶梯柜、高低不等的置物柜等作为区域隔断，幼儿在区域中可互不干扰地专注、放松地进行游戏，同时，这些柜式隔断也为班级增添了不少收纳放置材料的空间，将各区域的材料存放在该区域附近的置物柜上，也大大提高了幼儿在区域游戏时取放材料的便利性，从而提升了材料的使用频率。

在选择班级使用的家具作为区域隔断的置物柜时，最好是选择浅色的原木架，或用白色或暗淡的颜色粉刷而成。架子和桌子可以反射或吸收光线，"虽然家具难以为教室增添光亮，但是它能够将自然的日光最亮化，例如，选择表面浅淡的家具，能制造环境光，强化教室里的自然日光，而使教室更明亮"①。

① ［美］朱莉·布拉德：《0—8岁儿童学习环境创设》，陈妃燕、彭楚芸译，101页，南京，南京师范大学出版社，2016。

根据班级场地情况，教师在部分安静区域之间也可以通过使用地毯来划分区域界限，或者通过从天花板垂挂轻质织物、帘子、纸张等方式进行区域分隔。

　　美工区、阅读区等需要幼儿近距离用眼的区域，应设置在采光良好的位置，靠近窗户、自然光充足的空间是不二之选，同时应装配护眼灯光，以便光线不足或阳光照射方向偏离时使用。

　　班级的区域活动并非局限于教室，在教室走廊或阳台空间足够宽敞且能够遮阳避雨的情况下，可考虑充分利用这些班级附加空间设置适宜的区域，充分利用了空间，自然的空间隔离无形中也起到了动静分离的效果，使得室内外的幼儿活动互不影响。当然，在教室外延空间设置区域时，要充分考虑到便于教师在活动中对幼儿实施安全监护的问题。

　　布置班级环境的时候，应该兼顾团体、小组和个别活动的需要。班级每天的集体活动需要一个能够容纳班级所有人的大而空的区域，应提前在空间安排上做好规划，以便班级所有幼儿在集体活动时间能够比较舒适地坐下来。也应该有为个别幼儿设置的独处空间，让幼儿在有需要的时候，可以在一个相对独立的空间中自由行动，且不会对环境和他人造成影响。

班级应该根据幼儿的年龄配备高度适宜的材料柜和桌椅等，这是一间面向 2～3 岁幼儿设置的教室，低矮的材料柜和高度适宜的桌椅让幼儿身处其中活动自如。家具的尺寸符合儿童身体的大小，不仅符合人体工程学，而且有助于儿童投入更广泛和复杂的游戏中。①

---

① ［美］朱莉·布拉德：《0—8 岁儿童学习环境创设》，陈妃燕、彭楚芸译，100 页，南京，南京师范大学出版社，2016。

配置桌面形状不同的桌子，可以让班级的空间更加生动。圆形桌没有棱角，2名及以上幼儿使用时比较灵活，方便合作；正方形、长方形的桌子方便幼儿明确地区分自己和他人的使用范围，适合幼儿独自操作材料时使用。

小台灯、聚光灯、吊灯等灯光资源的使用，对于自然光源不足的空间，可以补充照明，会让灯光所照射的区域比周围环境更加明亮、突出，帮助幼儿集中注意力，也能为班级中不同的区域营造不同的氛围。

不同的地表层次有助于丰富空间、减少噪声、增强教室的趣味性、创设亲密空间、提供新的视野、增多可利用的空间以及提供大肌肉活动空间等。幼儿园可以用多种方式创造丰富的地表层次，例如，阁楼、错层、台阶等。当然，在设计阁楼时，应确保阁楼符合安全原则。[①]

① ［美］朱莉·布拉德：《0—8岁儿童学习环境创设》，陈妃燕、彭楚芸译，100页，南京，南京师范大学出版社，2016。

　　要创设一个温馨、自然、富有生机的班级环境，可利用空间把自然物带进班级，各种绿色植物、各种经过处理的干树枝、藤蔓等，都能给幼儿以美的熏陶。

班级环境也应该适时进行调整和改变，根据幼儿的兴趣变化、班级主题活动的推进、课程内容的实施进展等不时投放新的材料，适当调整局部环境，增加新的装饰物或感官刺激物等，都可以在一定程度上保持幼儿对班级环境的关注热情，增加幼儿的探索和学习兴趣。

# 第三节 区域环境

## 一、建构区

　　每个班级都应该有一个宽敞、装备较好的建构区。充足的建构材料和充分的搭建空间是建构区环境的基本要素。建构区的活动通常具有一定的连续性，而且建构游戏持续时间通常在 30 分钟以上，因此，建构区宜设置在人流少、位置相对独立固定的区域，一方面可以给幼儿的建构活动提供充足的空间；另一方面可以避免其他区域的幼儿来回走动影响搭建过程。上图中的建构区均设置于班级里一个靠墙的区域或教室外走廊的角落，为幼儿提供了一个相对独立不易受干扰且宽敞的搭建空间。

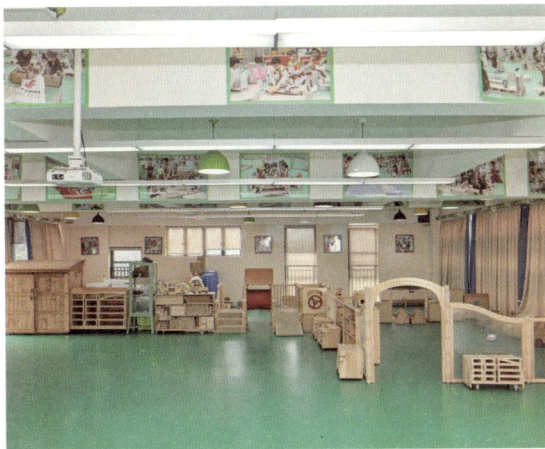

　　幼儿可以在建构区操作各种结构材料（如积木、积塑、辅助材料等）进行物体造型游戏。建构区的核心教育价值是支持幼儿再现和创造性地表达生活经验，帮助幼儿经历操作、建构和设计的过程，发展他们对材料、模型、建筑物之间空间关系和逻辑关系的理解与认识。

    建构区的地面上可以铺上地垫或地毯以降低搭建时产生的噪声，同时也给幼儿自然划定了活动范围。地垫、地毯应尽可能坚实、平整，以保证积木能放平稳，不易倒塌。

　　建构区往往会投放多种类型的材料，教师在材料投放时应事先考虑好相应的摆放布局，注意满足不同年龄幼儿的操作需要，将不同材料分类放置于幼儿容易看到、够着的地方，便于幼儿自己取放。投放的材料可根据形状和质地分类摆放、做上标记，这样可以为幼儿的排序和分类能力提供练习机会。

　　建构区的材料种类多样，功能也各有差异，在投放时，除了关注不同种类材料的教育功能以外，还应特别注意材料的不同结构化程度对幼儿建构游戏的影响。

　　建构区应多提供低结构材料，低结构材料不定型、非专门化、变化多、功能用途多。幼儿在使用低结构材料进行建构游戏时，较多的是创造，需要经历一个独特的建构象征的心理活动过程，具有较高的智力发展价值。

在建构区投放一定情境类的材料易于启发幼儿进行一些主题类搭建。例如投放一些小汽车和交通标识等，可帮助幼儿生发搭建马路、停车场等特定情境的想法，有效引导幼儿在建构过程中创建更多情境。

　　类型多样的建筑拼插物能吸引幼儿观察不同建筑物的造型特点，以丰富幼儿对建筑造型的认知，激发幼儿在建构过程中的创意和想法。而在建构区张贴一些建筑物的图片，幼儿在模仿着现实世界建构造型的同时，也根据自己独有的观点创造性地搭建着自己的作品。

　　在建构区设置特定的作品展示空间是值得借鉴的举措。幼儿搭建后的成品虽不易保存，但可通过其他方式实现。比如通过幼儿绘画表征的方式将搭建的作品及经验保留，此外还可以尝试通过摄影的方式将成品的照片及幼儿的搭建过程保留下来展示于建构区中。一方面，幼儿在搭建后进行的表征是自发的，无形中增加了幼儿的搭建欲望及创作能力；另一方面，作品是经验的记录保存，有助于幼儿相互学习。

## 二、美工区

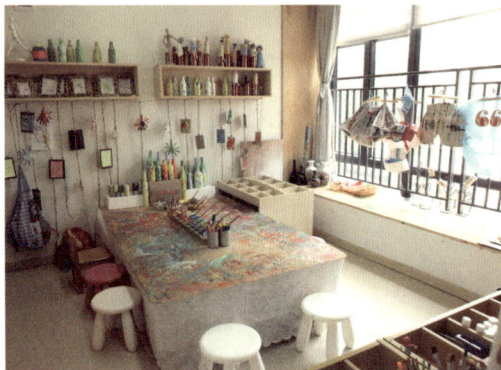

美工区是幼儿进行绘画、剪贴、立体造型及欣赏艺术作品，并通过各种工具和材料表达所见、所思、所想、所经历的事物的学习区域。教师应在班级里创设相应的美工环境，提供适宜的设施设备、材料和工具等。临近窗户设置，能够让美工区获得充足的光线，使幼儿充分感受艺术作品细节的美感，同时也利于幼儿在明亮的环境中进行创作，保护幼儿的视力。

每个幼儿的心里都有一颗美的种子。幼儿艺术领域的学习关键在于萌发对美的感受和体验。优美的环境能有效激发幼儿美的感受,这种潜移默化的影响,增强了幼儿对美的创造与表达的能力。美工区为幼儿提供了一个安全、宽松、自主、丰富的空间环境,材料的丰富性与多样性、环境的生活化与艺术化,可让幼儿充分感受和体验艺术的美。

艺术是产生情感后的一种自发的活动,因此在创设美工区环境时应考虑到环境本身的美感以激发出幼儿的创作欲望。如图中美工区优美的整体环境,用心呈现的艺术品,整齐有序的材料,以及桌面摆放的几束美丽的干花,都是激发幼儿进行艺术创作的源泉。

将幼儿在进行艺术创作中常用到的材料放置在创作台中间，是较为常见的一种材料摆放方式。幼儿的注意力有限，若为了取放那一份创作材料需要花费较多的工夫或较长的时间，会间接影响幼儿艺术创作的发挥。因此，美工区材料取放的便利度是教师在投放材料时应考虑的因素。

虽然创意是随机的、不受约束的，但从便于幼儿取放材料的角度考虑，教师在布置美工区环境时可根据类别对材料进行有序摆放。

美工区材料也包含生活中收集的各类物品，如各类瓶子、相框、吸管等，激发幼儿新的创作热情。

引导幼儿进行艺术创作时尽量不局限于单一材料，结合多元化素材能激发出幼儿更多的创意。《3—6岁儿童学习与发展指南》指出："在大自然和社会文化生活中激发幼儿对美的感受和体验，丰富其想象力和创造力……"因此在美工区可以投放一些自然物作为原材料，如树枝、树叶、果实等，激发幼儿的创意想象。有了自然材料的提供，如图在同一件艺术作品中融入粘贴的叶子实体及绘画装饰画，幼儿的作品呈现更加丰富。

将日常生活中厨房里的勺子作为艺术创作的载体，具有生活气息，黄木底与红白黑花纹的映衬也别具艺术特色。

在幼儿的认知经验中，大部分的建筑物是由钢筋混凝土建造而成的，他们对砖块、瓦片相对陌生，投放这些材料，既让幼儿获得在不同材质上作画的体验，又能让幼儿在艺术创作中丰富生活经验。

有些陶泥作品如泥罐、泥瓶，既是激发幼儿创作灵感的作品，还能作为收纳放置其他美工材料的容器。此外，利用生活中的砖块搭建作品展示台，这一生活化的引入，较好地链接了幼儿已有的直观经验，由此引发"艺术源于生活"的认识，从而将艺术创意进一步延伸至生活中。

　　图中所用到的承载艺术的载体均来源于生活且易获取，幼儿通过在不同形状的生活材料上进行艺术加工，再经过后期粘贴、组合、摆放后产生了新的艺术效果。

在艺术创作中还可考虑将自然界中的不同元素作为创作的材料线索，例如将"木"这一元素运用于美工区的环境创设中，使用小树墩作为立体类艺术作品的容器和展示台是一个具有美感的承载方式。

另一类作品承载物可以是大自然中的"石"器元素。例如图中选取的为磨台的一部分，有些甚至如转盘一般可以旋转，这无疑增加了作品呈现的趣味性，不经意间便能吸引幼儿的注意。

除了考虑作品载体及作品创意排列后形成的艺术效果外，引导幼儿直接对自然物进行装饰也是一种提升、美化的创作方向。

幼儿的作品组合在一起就成为环境中的装饰物，看到自己的作品展示出来产生的成就感能进一步激发幼儿的创作欲望。如图将幼儿制作的一个个创意无限、色彩鲜艳的小木片集合起来或串起来，经组合粘贴于墙面上或悬挂起来，竟形成了一幅亮丽画面，进一步激发了幼儿的艺术创想。

将一块块可竖立的石头作为幼儿自画像的载体，形象生动地将每个孩子眼中的自己展示出来，独一无二且充满童趣。

幼儿在同一主题的启发下，使用相同材料也能产生属于自己的独一无二的艺术创作，将这些成品有规律地陈列在墙面上，起到了装饰美工区环境的作用，体现了差异性与相似性的统一。

教师在投放材料时也可尝试打破区域固化特性的思维定式。例如，幼儿艺术创作的作品除了展示外，也可很好地投放于建构区作为搭建、装饰的材料；同时，建构区的积木也可在美工区让幼儿进行创意彩绘。

在瓶身及碗底通过不同的材质及制作方法进行装饰，激发了幼儿对美的感受力和创造力。

在美工区，幼儿用不同的颜色、线条、图式符号或立体作品将自己看到的、想到的、听到的人、事、物，融入自己的经验和奇异的想象表达出来。展现出来的图像、符号或立体作品，往往比幼儿的语言更加直接、浅显、生动，幼儿也因此获得满足感，在整个过程中，幼儿选择自己喜欢的材料，用自己喜欢的方式，自由、轻松、愉快地进行艺术创作。

有些教师能有意识地引导幼儿将同一种材料通过不同的使用方式及创意，最终创作出各种各样的造型成品，并在成品陈列时将其分类摆放。这样有助于幼儿认识到同一种材料可以通过多种造型呈现，以此进一步激发他们的创想和创意。

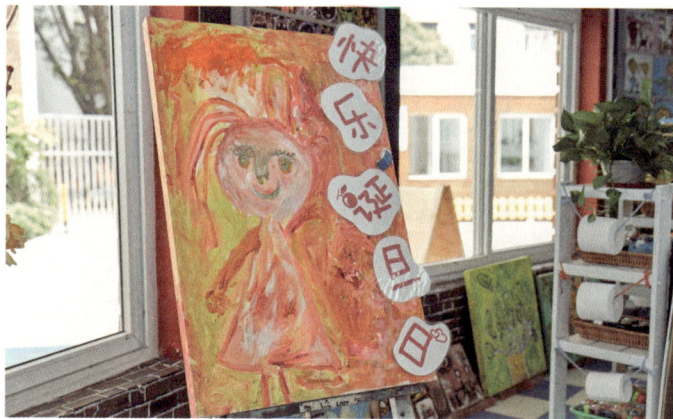

美术是视觉的艺术，对于幼儿来说，更多的是起到交流和表达的作用。它成为幼儿另一种不是用"说"或"动作"来进行表达的语言。幼儿在美工区将不善于用语言表达出的情感通过自己的涂涂画画展现出来，这种表达既是直观形象的，也是创意无限的。

　　生活中真实的经验和丰富的想象，为幼儿自由的表征创造了条件。幼儿吸收周围的各种信息，然后通过不同的表现形式，表达自己对生活的关注与真实体验，以及对周围世界的情感。

教师可利用班级墙壁、展示柜、桌面，展示幼儿创作的不同风格的美术作品，供幼儿欣赏或整理、回顾自己的创作过程。同时，将幼儿作品作为班级环境创设的资源，既可以激发幼儿创作的热情，也可以提升幼儿对班级环境的归属感。

为尽可能展示更多幼儿的作品，以激发他们创作的成就感，将幼儿作品悬吊起来不失为一个值得尝试的方法，既能巧妙利用空间，又能有效装饰环境，营造了环境中更多的童趣与灵动。

区域的隔断也是幼儿作品展示的良好平台。例如设置展示墙、展示架或纱网等，既起到了区域分隔的作用，又能将幼儿更多的艺术创作陈列其中。

有时将幼儿制作的一定数量的作品进行情境组合，便能形成一个作品群。例如，幼儿捏制了各式各样的恐龙，若教师将其收集起来并搭建创设一个侏罗纪世界，作品的展示将变得更加有趣，从而也能进一步激励幼儿进行更多的创作。

右图中树枝类材料可以作为节省空间的作品承载体，置于桌面中央，既不占用墙面面积，又实现了立体的悬挂呈现，无形中增加了幼儿作品的展示空间。

艺术原材料的巧妙摆放也能装饰环境，如放置在一起的彩色线头，依次叠放的彩色玻璃瓶等。

班级里还可利用墙面专设一块涂鸦区。涂鸦是幼儿的天性，而纸面的大小有限，对于手部精细动作待发展的幼儿来说并非一个自由发挥想象力的最佳选择，涂鸦墙让普通墙面变成可供幼儿任意涂涂画画、挥洒创意的画板，更大范围的空间能够让幼儿尽情施展，较受幼儿喜爱和欢迎。

## 三、角色游戏区

　　角色游戏是幼儿自发的游戏，是幼儿成长过程中不可或缺的内容。角色游戏区是幼儿园的常规学习区域，在角色游戏区中，幼儿打破真实环境的限制，把自己或其他人或物装扮成别的人或物，建构着自己的世界，进行模仿和想象游戏，重温他们的过去或塑造想象中的未来。教师应为幼儿创设适宜的角色游戏环境，投放丰富的材料，使幼儿从中获得学习与发展。

在角色游戏区，教师支持和引导幼儿开展角色扮演游戏，鼓励幼儿对角色、动作、情境等进行想象和表征，伴随着较多的动作和语言活动，因此该区域应远离美工区、阅读区等安静区域，避免对其他区域活动产生影响。

　　角色游戏区可以用柜子、屏风等分隔物包围，划分出相对独立的空间，更有利于幼儿重现生活经验，特别是对于低年龄段的幼儿来说，更容易产生安全感和角色归属感。

角色游戏区可以设置于室内，也可设置于室外，如走廊、阳台等，选择相对宽敞、独立且方便幼儿走动的地方，应能容纳4～6名幼儿同时在区域里进行游戏。

教师应支持和引导幼儿在角色游戏区与其他区域（如建构区、美工区等）之间建立联系，左图的角色游戏区巧妙地打破区域界线，将幼儿在美工区基于已有经验绘制创作的绘画作品用于创设角色游戏区环境，营造了超市和地铁站的情境，方便幼儿进行角色扮演游戏。角色游戏区的场景布置应根据幼儿的游戏兴趣及时进行更新。

角色游戏区是一个自主、自由的游戏场所，游戏的主题可以随着幼儿的兴趣改变，使幼儿更能遵从自己的想法，按照自己喜欢的方式推进游戏。

　　一个班级不一定只有一个角色游戏区，可以根据空间创设 1～3 个。角色游戏经常会在不同的角色区之间交错展开，在环境创设时可将不同的角色游戏区紧靠在一起，利于幼儿角色游戏的拓展。

幼儿往往对与他们经验相近的事物更感兴趣，而在角色游戏区中提供幼儿在生活中熟悉的事物，更能激发幼儿的模仿和扮演意愿，帮助他们表达经验。图中的角色游戏区，为幼儿提供了儿童尺寸的家具、家庭物品、婴儿推车等，在墙上张贴幼儿及爸爸妈妈的合影照片，营造了温馨的家的氛围。

舞台的设置能在一定程度上促进幼儿在角色扮演过程中自信心和自豪感的形成，具有一定的仪式感。

　　教师应在角色游戏区为幼儿提供尽可能多的道具材料，从角色服装、真实物品，到各类仿真制品，再到各种替代物品，同时可以在区域里放置一些开放性材料，如布料、积木、纸箱、纸笔等，供幼儿根据游戏需要自行创造。对于小班幼儿，可提供较多的仿真类材料，而对于中大班幼儿而言，则应增加可供幼儿进行游戏的替代物品和开放性材料。

## 四、阅读区

　　阅读区是幼儿静心阅读、倾听、讲述和创编故事的最佳场所。在班级里为幼儿创设适宜的阅读环境，可以丰富幼儿的阅读经验，提升幼儿的阅读兴趣。

幼儿在阅读区要进行各种书面阅读，适宜的光线能在一定程度上帮助幼儿保持正确的阅读姿势，进而保护幼儿的视力，因此阅读区应设置于教室中采光好的地方，为幼儿提供一个光线充足、适宜阅读的环境。一般而言，教师会选择将该区域设置于靠窗的位置，并为该区域配置窗帘、提供一些照明设备，供幼儿根据需要调节光线。

为阅读区提供一个安静且不易受干扰的空间也是十分必要的，教师应根据教室布局为阅读区选择适宜的、远离吵闹区域的位置。靠墙的角落、阁楼、榻榻米都是不错的选择，也可以通过使用分隔物，如书架、柜子等分隔出一个相对独立、界限清楚的空间，以减少干扰，利于幼儿投入阅读。

　　在环境上提升温馨舒适程度能够帮助幼儿建立对阅读区的亲近感，可为该区域提供一些柔软的陈设，如软沙发、地垫、枕头、靠垫等，让幼儿能够舒适入座，身心更加放松，激发阅读兴趣。

该阅读区的情境设置为书屋，教师基于书屋的特征（舒适的阅读区域，日常书屋也会开展阅读分享小活动等）投放相应的材料，以丰富区域的玩法，让幼儿从中体验到乐趣，从环境入手增加阅读区的吸引力。

将阅读区设置为书吧也是一个不错的选择。

　　该阅读区的设置合理，一是将书架靠墙放置，充分利用了墙面空间；二是书架的高度有效保证了图书放置高度的合理性，便于幼儿取阅；三是有遮挡性质的书架具有一定的收纳功能，营造了整洁有序的阅读环境。

在阅读区环境布置上还应考虑各类设备物品的配色问题，根据色彩心理学研究，可选取青绿、黄、白等明亮的颜色，能增添环境的温馨感，让幼儿在环境中心情愉悦，放松投入。

在阅读区投放丰富且有质量的图书是该区域环境创设的核心，所选择的图书应符合幼儿兴趣和身心发展特点，具有较好的装订质量和纸张，以利于幼儿多次翻阅使用。当图书数量较多时，可通过多种方式进行收纳摆放，左图通过图书内容分类标识让幼儿建立书本类别的概念，适合大班幼儿，分类摆放也便于幼儿找到自己想看的书。

将图书封面向外摆放，便于幼儿取放的同时也可以激发幼儿的阅读兴趣。为每一本图书贴上与书架放置位置一一对应的标识，方便幼儿自主整理，建立良好的阅读和整理习惯。

　　教师可基于近期幼儿的兴趣或班级正在开展的主题活动更新投放的书籍，激发幼儿阅读兴趣的同时，也鼓励幼儿通过阅读获取信息，支持幼儿对主题的深度探究。基于近期幼儿感兴趣的或班级正在开展的昆虫、树和恐龙的主题活动，教师有针对性地陈列相关绘本供幼儿取阅。

阅读区应有可供单个幼儿自主阅读的空间，也应为有共享阅读需求的幼儿提供空间，既尊重幼儿独自阅读的个性化需求，也鼓励幼儿共享共读一本书，或就阅读内容展开交流、相互学习，促进其社会性的养成。

这是一个随时欢迎幼儿坐下来阅读的区域，根据幼儿的身高量身定制的书架为幼儿随时取阅书籍提供了极大的便利，地垫和靠枕的投放增加了阅读的舒适度，而绿植的投放，也为整个空间增添了生机，所有这些，成为吸引幼儿进阅读区的原因。

在区域中投放一些毛绒玩具或玩偶，不但深受幼儿喜欢，也有助于引导幼儿在阅读的同时开展角色扮演游戏，加深对图书内容的理解。

面对许多故事书，一定量的文字对幼儿来说是一个障碍，这可能成为影响幼儿阅读兴趣的原因之一，因此，在阅读区投放一些语音播放设备，可让幼儿即便在缺少成人帮助的情况下，也能进行自主阅读。

有时结合主题延伸出的一些过程性成果，能巧妙转变为全园可以共享的资源。例如在大班幼儿开展"书""恐龙"的主题活动时，通过将幼儿自制的图画书展出，无形中也营造出一个图书角。

在阅读区模拟图书馆设立"好书推荐"的形式，定期推介一些优质图书，让幼儿和家长了解好书，欣赏好书，激发阅读兴趣，提升阅读品位。

打破区域界线，在走廊、班级阳台或小角落增加小型的阅读区，或者将一部分图书适当投放于其他区域，吸引有兴趣的幼儿取阅，都能为幼儿提供额外的阅读机会。

## 五、科学区

  幼儿的科学教育通常是启蒙教育，利用幼儿身边的事物和现象作为科学探索的对象，为他们提供能够直接观察科学现象和操作科学材料的机会。在教室里设立一个具有挑战性和富有趣味性的科学区，幼儿可以自由选择操作和探索材料，从中获得科学经验，进行自我建构。

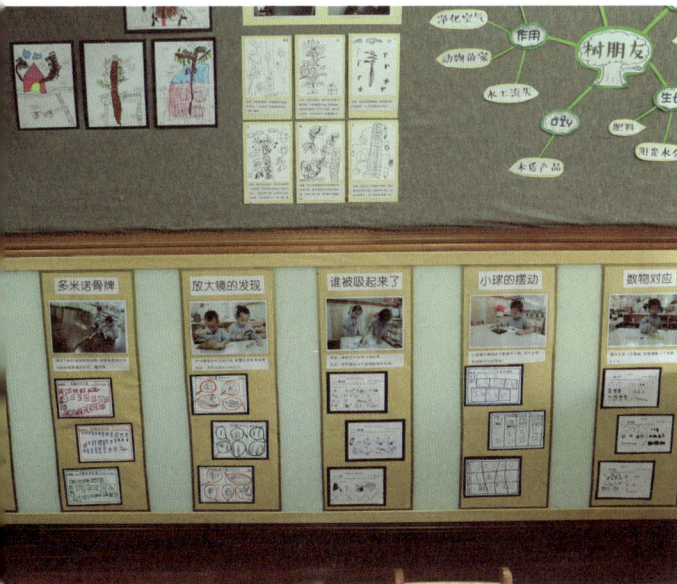

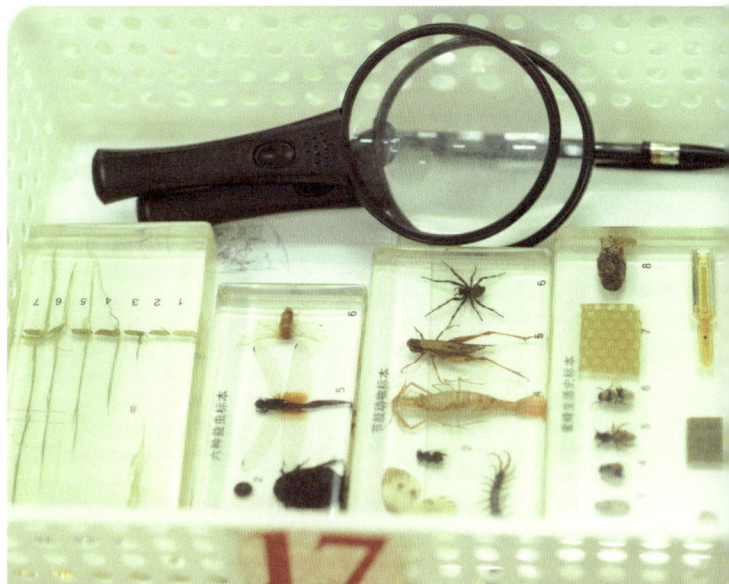

　　科学区应以幼儿的兴趣和需要为出发点，以幼儿的主动探究为核心，通过提供丰富的科学探究材料，满足其探究欲望，培养幼儿对周围事物的好奇心。为进一步激发幼儿的科学探究兴趣，可从环境上做一些兴趣引入，例如张贴有关科学内容的海报，投放孩子们易操作的工具，如放大镜等。

有时科学区也会围绕近期幼儿关注的一个主题进行材料投放和更新。例如"星球"主题，教师会在科学区投放星球模型、介绍类海报、天文望远镜等仪器设备，以支持幼儿对相关主题的深度探究。

在科学区中，幼儿可以参与实验活动，在幼儿进行科学小实验时，教师关键要提供实验活动和记录所需的各种材料和工具，幼儿需要一定的时间进行观察、操作和反复探究。

有时候科学区会在一段时间内引导幼儿持续关注某个问题或某个科学探究内容，提供一个可供幼儿操作探究的实验情境，吸引幼儿参与，当幼儿投入这些深度探究时，便能尝试通过不同的方式找到问题的答案。可选择幼儿生活中熟悉的事物和现象作为探究内容，将幼儿活动过程的实况展示于墙面，可有效提示幼儿具体的探究操作。

科学区还可以作为发现区，鼓励幼儿通过持续观察、比较、测量、记录等，发现科学现象，获得科学经验。某些学习内容可能需要经过长期的等待或观察才能获得结果，如动植物的生长过程，教师应随时或定期留意是否需要添加一些工具或书籍，以深化幼儿的学习探究活动。

科学区所提供的材料在数量上应是丰富的，在类别上应是多样的，结构简单、易操作，符合幼儿的兴趣和认知水平，同时放置于方便幼儿取放的位置。

科学区应为幼儿提供适宜的科学探究工具并有序摆放，为每一种工具添加标识，标示名称，同时可以采用不同方式，如张贴图片文字、音频播放或教师在集体活动时的讲解等说明使用方式。

　　科学区应为幼儿提供各种可供其直接操作、直接感知的材料，幼儿有天生的好奇心，在他们看来，周围环境中的许多事物都是新奇的，他们想要观察、操作、触摸或摆弄这些事物，并常常向成人提出很多问题，希望成人能够给予解答。

## 六、木工区

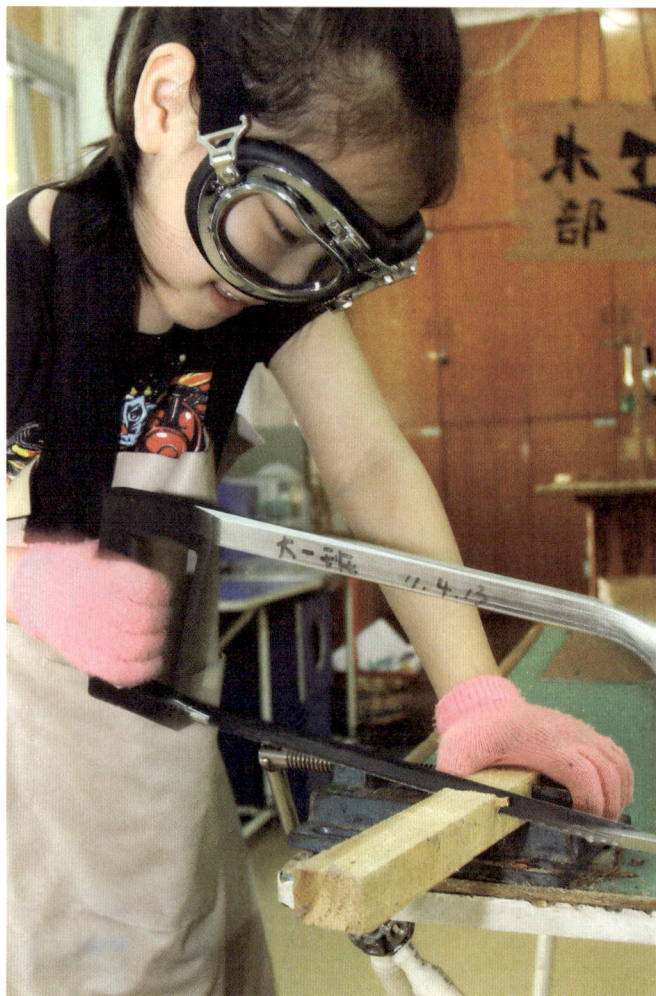

　　获取经验的最佳途径是让幼儿置身于充满趣味性、挑战性的活动中，积极制作的过程也正是经验在幼儿大脑中建构的过程。木工制作从小培养幼儿的动手能力，让他们解决开发性的问题，鼓励他们去创造，去发挥他们的想象力，并把想法动手加工制作出来，然后测试自己的设计，加以改进，从而进入不断探究的良性循环。

因为木工活动会产生较大的噪声，所以木工区适宜设置于室外、走廊或教室里比较吵闹的区域，如建构区旁，以减少对其他区域的干扰。

木工区的空间应足够宽敞，能够满足3～5名幼儿同时工作。

一张宽敞耐用的操作台是必要的，供幼儿进行各种切割、敲打、钉锤，原木色的木桌子是比较适宜的选择。

木工区作为操作性很强的一个区域，涉及的工具材料多而杂，因此更应做好各类工具和材料的分类摆放和整理。根据功能分区分类有序放置，也便于幼儿操作时安全取放。

基于有些工具的特性，可考虑定制专门的收纳装置，如通过安装钉有小孔的长木板，既避免工具凌乱堆放，也在一定程度上扩大了收纳面积，节约更多空间，同时，这种悬挂放置的方式非常适用于收纳各类有锋利刀刃和切面的金属工具，可防止幼儿在选择工具时受伤。

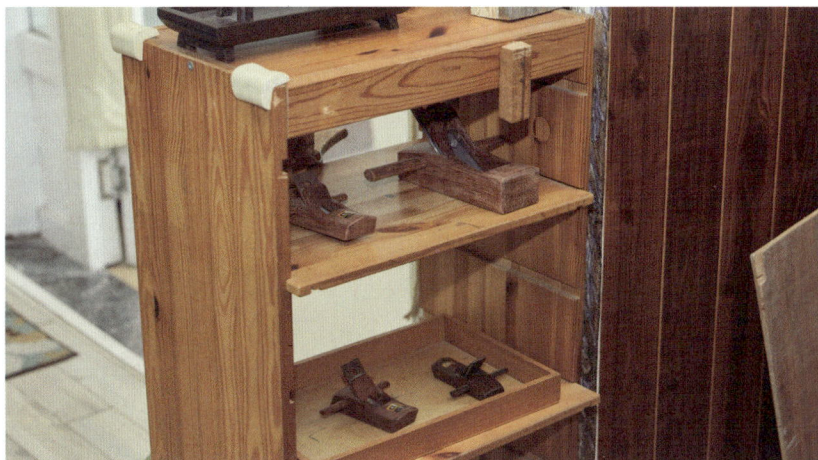

对于相同类型的材料可放置在相邻近的位置，便于幼儿查找取放。

即便是木材，在存放时也可按照某种分类依据进行分装，一方面便于使用时查找，另一方面通过分类，可让幼儿识别不同木材的特点。

由于在木工区中，幼儿需要接触较多具有一定危险的工具，因此操作规范显得更为重要，其中佩戴头盔、护目镜、手套也是一项有效防范幼儿受到伤害的措施。在区域中投放限定数量的安全防护配件，既能引导幼儿建立安全操作常规，同时，也对区域人数起到了隐性提醒的作用。

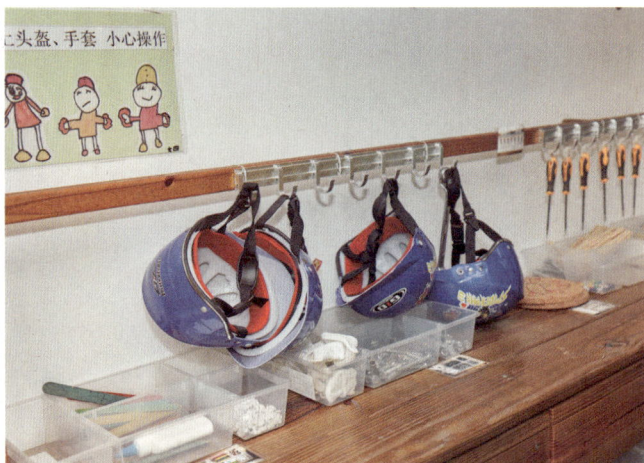

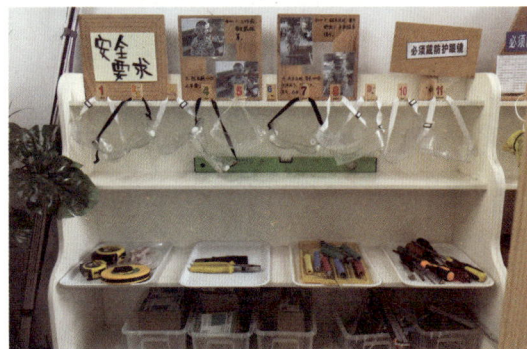

因为木工区涉及一些特定器具，除了在活动中加强监督指导外，在幼儿使用该区域前，教师应通过在集体活动中进行安全讲解说明、在区域中张贴图文匹配的安全提示等方式，引导幼儿理解区域的使用规则和相关工具材料的使用要求，帮助幼儿养成安全操作习惯。

　　对于空间较大的活动室，可将木工区分隔成不同的工作空间，有可供幼儿进行切割、敲打等较大动作的空间，也有可供幼儿进行精细加工制作的空间。

　　对于木工区在操作时出现的废弃物，应注意配备一定的清洁工具以保证台面等区域的干净整洁。例如，在切割台上配上清扫切割碎屑的刷子和装细屑的碟子。

　　木工区是幼儿运用真实的材料进行设计、构思、组装、搭建的区域，能很好地发展幼儿的动手能力和解决问题的能力。当幼儿更加熟悉木工活动时，便能不断设计组装出不同的作品。

　　利用不同形状木材的组合拼接、涂鸦、粘贴等，可形成一些生动立体的木质类艺术作品，这些操作既可有效提升幼儿的想象力和创造力，同时也能促进幼儿手部精细动作的发展。

木工区亦可与美工区结合起来，例如在木工区加工完的作品，可利用美工区的一些绳子缠绕、捆绑于木条上起到装饰的作用，随着活动的深入，幼儿经常会产生许多有创意的想法，设计出许多新奇的手工作品。

木工区也可与建构区融合产生出更多游戏玩法。鼓励幼儿利用自制木材板块进行创意搭建合成，也可增加幼儿对木工活动的喜爱。

　　木材主要为原木色，颜色呈现相对单一，为此可引导幼儿将多彩的艺术融入木工区，通过为木材、器具等涂色让木工作品更具创意和美感，从此，幼儿的奇思妙想又多了一种表达方式。

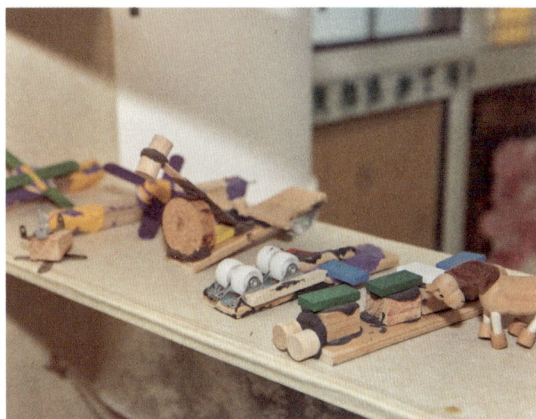

可以在木工区开辟一块独立的空间，为幼儿提供适当的美术材料，如颜料、笔刷等，供幼儿为自己的木工作品做进一步的美化装饰；当然，也可鼓励幼儿根据自身需要将木工材料和作品运用到美工区的艺术创作中。在艺术的熏陶下，螺丝、螺帽等工具性材料也都摇身一变成为极具特色的开放性装饰品，幼儿的创意被无限激发。

# 七、生活区

　　生活区可以作为教室里一个固定的区域长期存在，也可以根据教室空间和课程实施需要定期开设。生活区为幼儿提供了各种学习机会，使幼儿的各种技能得到锻炼和提高，如小肌肉动作技能、科学技能、安全烹饪技能、社会交往技能等，同时也在一定程度上帮助幼儿了解营养膳食，建立健康的饮食习惯。

　　小厨房是生活区重要的组成部分，烹饪对幼儿来说既能使精细动作得到锻炼，又能在制作食物的过程中认识很多食材，可以尽量为幼儿提供一些真实的烹饪情境，让他们在这个过程中真实体验制作美食的乐趣。

对于种类繁多的食材和炊具器皿，适宜的摆放也是在创设生活区环境的时候需要考虑的。可将具有危险性、幼儿不常用的物品摆放在高处，幼儿常用的材料工具分层分类摆放在易拿取的位置。同时，在幼儿使用该区域前，教师应及时向幼儿讲解该区域各类烹饪配料、工具和电器的安全使用方法和注意事项，并在幼儿活动过程中加强照看，确保幼儿安全。

在幼儿制作食物的过程中，除了教师的指导，图片和菜谱也可以充当有效的无声教师。张贴幼儿制作食物的流程图或图文式的菜谱能直观呈现操作步骤，为幼儿提供指引，且能很好地锻炼幼儿自主获取信息、独立解决问题的能力。

除了张贴幼儿烹饪的过程图片作为指示外，提供一些情境类的材料亦能让单一的食物制作过程生发出更多情境类游戏。例如投放菜单、厨师帽、收银台等，能生成小餐厅的游戏。

当食物与文化碰撞时会生成更有趣味的内容。例如开展"中国文化"的主题活动时，可在生活区环境布置上更加体现中国风，选用青花瓷类样式的器皿，与幼儿讨论、制作中国传统美食等。

　　生活区能直观、有效地帮助幼儿建立一定的生活常识。教师可根据时令、节气等在生活区投放相应的水果蔬菜，供幼儿观察触摸，制作水果拼盘等。

　　磨台这个工具深受幼儿喜欢，一方面推磨的过程锻炼了幼儿的肌肉力量和精细动作，另一方面幼儿通过操作了解豆浆等饮品制作的原理。为便于幼儿进行不同食材的对比、探究和尝试，可投放不同种类的碾磨物材料。

生活区中提供不同种类的豆子可用相同透明的玻璃瓶统一分类盛放，防止豆子四处散落便于收纳，也方便幼儿取放，同时可让幼儿随时直观地观察比较不同豆子的外形特征。

## 八、自然角

在教室里、阳台上或走廊处开辟一个合适的角落，打造一个自然角，花草、蔬菜、水果和各类种子等都可以成为区域的主角，教师再提供充足的工具材料与指导支持，幼儿将从中学习到植物科学、工具使用、社会交往和合作技能等。

自然角属于生态系统的一部分，幼儿在教师引导下参与自然角的活动，可以构建对生物生命的基本理解，引发对生物的外形特征、生命周期、生长环境、差异性等科学知识或概念的探究。

自然角的位置取决于植物的生长特性，如喜阴还是喜阳，可根据空间实际大小开辟一至两个角落。对于小班，可让每个幼儿种植和照料属于自己的植物，能有效激发幼儿对植物的喜爱，同时逐步培养幼儿照顾环境的责任感。

在自然角增设情境，能帮助幼儿形成任务意识，提升活动兴趣。例如，将自然角设为我家后院，引发幼儿主人公意识，激发打扫后院的动机，使幼儿更加愿意进区观察护理各种植物。

幼儿在参与自然角的管理时可了解植物的生命周期和不同生长阶段的需求。图中的角落，教师在种植土豆的附近区域墙面上张贴土豆种植过程图，让幼儿在每日观察土豆生长的过程中了解、体会其生长原理及过程。

通过将种植物与生长出来的果实进行一一对应的方法，强化幼儿对植物及果实的认知。

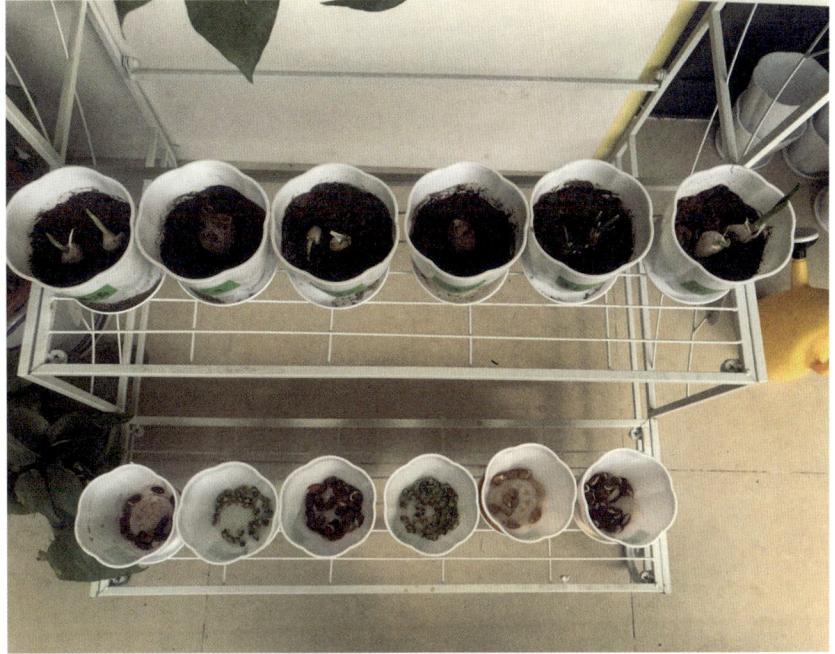

将不同生长条件、生长环境的植物放在一起，便于幼儿进行对比，建立对相应植物特定种植条件的认识，帮助幼儿了解生命的多样性与生命过程的独特性。

自然角种植容器的选择也很巧妙。如左图所示，利用环保回收的各种透明的塑料瓶，培植幼儿生活中常见的几种蔬菜，辅以不同的种植条件（土培或水培），让幼儿在观察植物根茎生长的过程中能够直观地了解各类蔬菜的生长特点。

种植植物的器皿可以是多种多样的。动物形状的器皿生动活泼，为幼儿的种植过程增添了乐趣；生活中的纸盒摇身一变也可以用来充当植物器皿，还有助于建立幼儿的环保节约意识。

通过提供相同容器和相同的种植环境引导幼儿对比观察、寻找其他影响植物生长的因素，幼儿将运用观察、预测、质疑等技能，观察能力和探究精神将得到发展。

在创设自然角时，可考虑充分结合具体的植物品种、实际场地和空间情况，选择合适的种植容器。例如幼儿园常见的 PVC 管道便是一种节约空间的理想种植容器，再邀请幼儿根据管道的造型自己动手进行艺术创作，便能将种植区与幼儿的艺术创意有机联系起来。

教师也可尝试打破人们对花盆的原有认知，事实上，只要是能起到承载作用，并且底部有几个用于滤水的小孔的物品，例如古色古香的竹筒、精致的茶叶盒等，经过一番美观修饰和加工，都可以作为花盆。利用生活中的常见物品进行创意使用，幼儿的创造性也就被激发出来了。

在废弃的油漆桶壁上刷上与绿色相配的清新蓝颜料，可充当花盆，同时变废为宝，实现美化环境的作用。

对幼儿在生活中使用过的物品进行再利用，也能激发他们的兴趣和关注。如右图所示，利用幼儿穿旧了或不再合脚的雨鞋作为花盆类容器的想法，真是极富创意，雨鞋鲜艳的色泽也对种植区起到一定装饰作用。

利用墙边的立面空间，巧妙放置双层或多层花盆，增加种植面积。

自然角除了种植绿植外，各类生活中的种子、农作物也是常见的可供幼儿观察或种植的材料，用统一的玻璃瓶装好，便于幼儿分类拿取，也便于幼儿透过透明的瓶身比较各自的差异。

将自然角与数学领域的图形认知联系起来是一个非常巧妙的做法。通过提供一些形状具有显著特征的树叶，让幼儿通过触摸和观察自然感知，在寻找、比较中加深对不同形状的认识，同时感受生命物体的多样性与差异性的神奇。

教师还可发动幼儿三三两两合作，尝试各种种植活动，既丰富了幼儿的生活常识，又提升了幼儿的合作性。

为了方便幼儿观察、记录植物的生长情况，为花盆配上区分的标识及设定衡量生长高度的刻度尺都是不错的辅助方式。

种植记录表也是教师在种植区常投放的一类材料，既能帮助幼儿记录参与观察与种植过程所获得的经验，也能帮助幼儿养成定期观察、记录的好习惯。

通过张贴太阳图案的贴纸提示幼儿这些植物为喜阳植物。此外，让幼儿学会将观察到的植物生长过程及种植过程用图画的方式表征出来，进一步巩固了幼儿的经验，也给其他未参与的幼儿提供了指引。

在种植过程中，幼儿需要使用挖土、浇水、修剪枝叶等各种实体工具，工具性材料的种类、数量与适宜度影响着活动内容与幼儿的行为，继而影响幼儿经验的提升。教师可在自然角设置一个工具存放处，当幼儿能够灵活运用工具对周围事物做出改变、操作与利用时，也就表明了他们正在关注如何使用工具，体会工具给生活带来的便利，锻炼大肌肉运动与精细动作，同时幼儿也能逐渐认识劳动与人类生活的关系。

自然角也能根据目的或功能分设子区域，如供观察欣赏的观赏区、供操作探究的实验区等。

除了俯身种植、近距离观察植物外，在自然角周边设立小桌子可让幼儿在此停留放松，欣赏绿植，静心护眼，交流经验。

## 九、其他区域

　　在音乐区，教师应为幼儿创造多种表达的机会，支持幼儿运用多种感官和手段感受音乐、欣赏音乐。有条件的幼儿园可为幼儿提供多种大小乐器和材料，如木琴、铝板琴、琵琶、鼓、双响筒、沙锤、碰铃等，让幼儿在触摸、演奏乐器的过程中感知不同乐器的音高和音色，累积初步的音乐演奏经验，鼓励幼儿选择不同音色、不同演奏方法的乐器为音乐伴奏，丰富音乐的表现形式。

有的音乐区会设置可以自由移动、开放的场地和小舞台，教师一般也会投放一些表演服装、饰品和道具，供幼儿自主选择参与各种音乐游戏和表演活动。

日常中的器具也能"变废为宝"，成为打击乐器，在音乐区投放一些自制小乐器，能让幼儿体验艺术来源于生活，生活处处有艺术的美妙，同时也在一定程度上促进幼儿想象力和创造力的发展。

幼儿在编制区中可利用简单的编织材料和工具参与各种编织活动，不仅锻炼了手的控制能力，促进精细动作的发展，同时也能在此过程中体验编制艺术的美。教师往往会在区域中提供各种各样颜色艳丽的线，在物品摆放时，适当注意颜色搭配，即可让摆放的材料成为一道风景。此外，区域中还可摆放一些用相关材料制作而成的艺术作品，例如用线缠绕的花瓶等，以此激发幼儿的想象力和创造力。

印染区为幼儿创造了一个感知民间印染工艺的空间。教师在区域中投放小染缸、玻璃瓶、水笔、墨水、吸水棉布、晾晒作品的架子、报纸、托盘、防水手套和围裙等材料和工具，引导幼儿通过一定的方式体验扎染和蜡染过程，感知材料的吸水性，了解不同图案染制的方法，欣赏印染艺术的平衡美和创意美。

稻草区也是一个极富操作性和创造性的区域，让幼儿在亲身体验、动手操作的过程中了解民间手工艺术的美。教师在区域中投放稻草、粽叶、纸板、麻绳、各类绳线、剪刀、透明胶等材料和工具，供幼儿插接捆绑稻草，进行草编手工游戏，利用稻草创意制作各种平面和立体造型等。

糖人一直深受幼儿喜爱，通过创设糖画区，引导幼儿参与熬糖、试糖、浇糖、铲糖等糖画的主要制作流程，利用自己熬制的糖浆浇铸各种创意图案，感受糖的融化、冷却和凝固过程，体验民间糖画工艺。糖画区需要提供的材料和工具包括电炖盅、麦芽糖、白糖、铲子、勺子、瓷砖操作台、竹签、竹签底座、木质小转盘、手套等。

剪纸在 2006 年被列入第一批国家级非物质文化遗产名录。在幼儿园创设剪纸区，为幼儿感受这一中国民间艺术形式创造了机会，同时对幼儿的精细动作、认知能力、艺术表征能力、社会交往能力等起到一定的促进作用。幼儿可使用剪刀进行各种纸面视觉形象和造型格式的创意设计、裁剪和拼贴，感受图案的对称与平衡美。剪纸区需提供的材料和工具有 A4 彩色纸、彩色铅笔、剪刀、双面胶、透明胶、白乳胶、订书机、剪纸和折纸书籍等。

刺绣是用针线在织物上绣制各种装饰图案。幼儿可以在刺绣区体验穿针引线，利用丝线设计、绣制各式图案的过程，既锻炼了手眼协调能力，促进了手部精细动作的发展，也在体验各种刺绣针法的过程中了解了点线面的关系。刺绣区包含的材料和工具有纯色无纺布、大孔粗针、粗细不同的毛线、可调节绣圈、木质绣花架、剪刀、水彩笔、各色彩带、珠子亮片、布垫针座、大夹子等。

缝纫、裁剪制作衣物深受女孩子喜欢，既较好地锻炼幼儿的动手能力，又能在制作中渗透配色、造型、材质等关于布艺设计的元素，提升幼儿审美品位。缝纫区的材料工具可以有小型缝纫机、剪刀、软尺、粗针、穿线器、各种布料、棉线、丝带、蕾丝、花边、扣子、亮片、珠子等。

　　皮影戏是用兽皮或纸板做成的人物剪影进行故事表演的一种民间戏剧形式。幼儿园将之运用到区域中，为幼儿进行故事创编和角色表演提供了多元的形式，幼儿在欣赏经典皮影戏和感受皮影戏表演操作形式的过程中，尝试根据自己创编的故事制作角色动态剪影，并在操作过程中多人合作进行旁白和角色对话，既促进了手部精细动作的发展，提高了艺术欣赏能力、语言表达和社会交往能力，又在亲手操作的过程中习得了皮影戏里渗透的光影相关知识。创设皮影区，需提供的材料有皮影操作台、遮光帘、透明胶带、剪刀、打孔器、竹签、多色油性笔、剪影工艺品、皮影故事书等。

插花也是一种可供幼儿欣赏美、感受美、创造美的艺术活动。在插花区，幼儿将剪切下来的植物的枝、叶、花、果作为素材，重新设计配置成一件能再现大自然美和生活美的花卉艺术品。幼儿在操作过程中，自然感知并了解到花卉的种类、名称、结构特征等，学习用基本的插花技巧制作作品，并为作品设计各种艺术造型。插花区需要配置的材料工具有各式花瓶、各种鲜花或仿真花、各种绿植、各式丝带、绳子、剪刀、包装纸、皮筋等。

　　陶泥区同样是备受幼儿喜爱的区域。幼儿可以通过使用手或工具，运用挖、切、拧、擀、嵌、插、按等技能做出各种立体泥塑造型，体验另一种艺术表征形式，动手能力、想象能力、审美能力和创新能力都得到一定程度的促进。陶泥区需要提供的材料工具包括陶泥、纸皮、人形模具、泥塑切刀、泥塑工具、工作盘、塑料垫、挤泥器、袖套、围裙、一次性手套等。

设置立体绘画区，引导幼儿感受立体空间造型的特点和绘画方式，从另一个方面提升了幼儿的艺术认知水平和表征水平，也会生成更多生动有趣的幼儿艺术体验和作品。立体绘画区包含的材料有：各种颜色和规格的瓷器瓶、玻璃瓶、塑料瓶、塑料盒、纸盒、面具、杯子、碗、石头、木材、油性笔、水彩笔、颜料、笔刷、围裙等。

在班级中为幼儿打造一个独处空间，设立私密角，尊重幼儿独处的需要，有助于帮助幼儿释放和舒缓各种情绪，恢复情感控制力，获得安全感。

幼儿的情绪相对敏感、不稳定，当他们在热闹、紧张的互动中感到不安时，一个私密角能留给幼儿不受干扰的空间，是对幼儿心理需求的尊重。

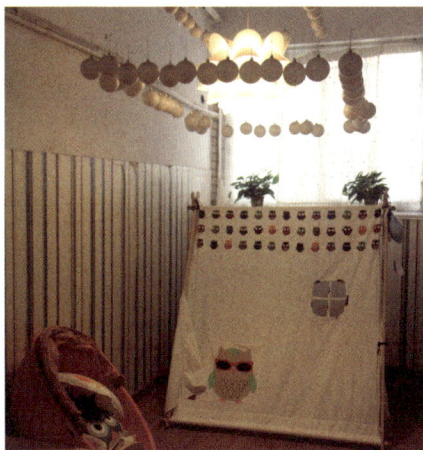

私密角应设置于远离班级吵闹活动的区域，有一定的封闭性，为幼儿营造隐私的感觉，并确保在教师的照看范围中。

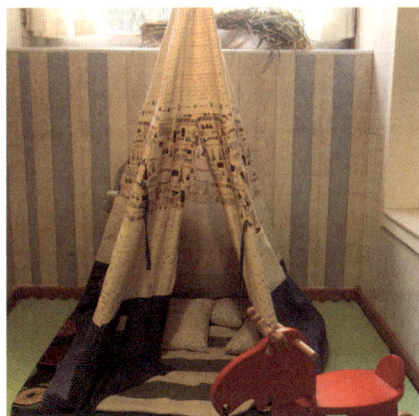

私密角要能为幼儿提供安全感，因此从触感上考虑，应选择投放一些质地柔软的物件，例如软垫、地毯、小抱枕、布料玩偶等。

私密角应允许少数几名幼儿共享空间，提供必要的图画书、供幼儿书写或涂画的材料、进行角色扮演的玩偶等，供幼儿选择能让自己安静和放松的方式。

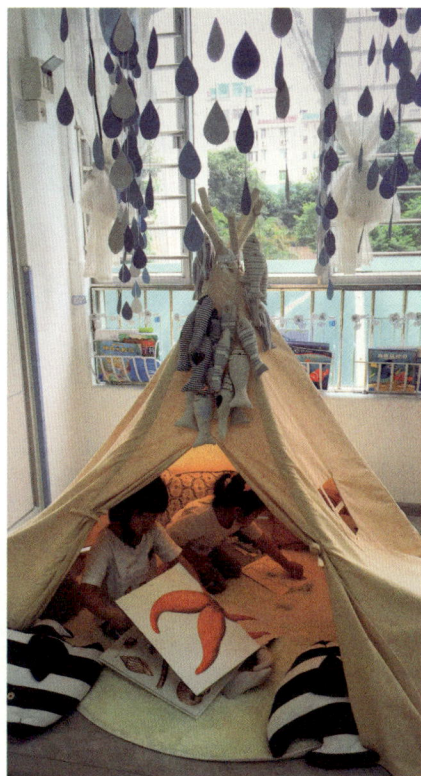

# 第四节 墙面环境

教室的墙面通常是环境创设的重点之一。在规划墙面的展示方式和内容之前，教师应先思考展示的目的是什么，避免为了单纯的环境创设而漫无目的地将各类幼儿作品、照片、装饰物等进行无序张贴而引起视觉轰炸。教师应从幼儿的角度出发，整体规划设计每一面墙壁空间，应考虑到展示物的高度是否与幼儿的视线平行，内容是否能引发幼儿的兴趣，是否对幼儿具有启发意义，是否能引发幼儿的互动操作，颜色的搭配，疏密的程度以及更新的频率，等等。

每一个班级都应有班级公约，教师可通过与幼儿共同讨论制定达成共识的班级公约，并通过幼儿绘画表征与文字相结合直观呈现，制作成班级公约栏并张贴于班级环境中，指引幼儿自主建立规则意识。

下图为班级晨间点名板，用于统计入园和请假幼儿人数。使用幼儿的自画像与名字配对制作的到园卡，体现了支持幼儿参与环境创设、让幼儿做班级主人的理念，魔术贴的粘贴方式也便于幼儿操作。

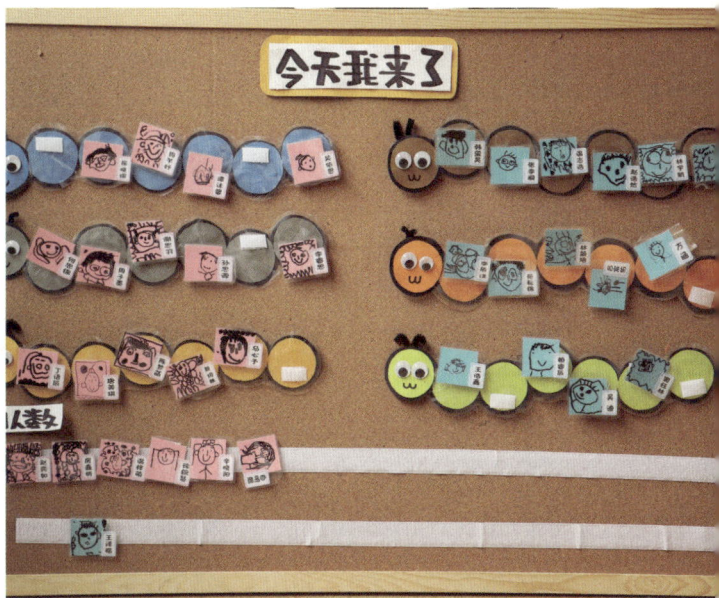

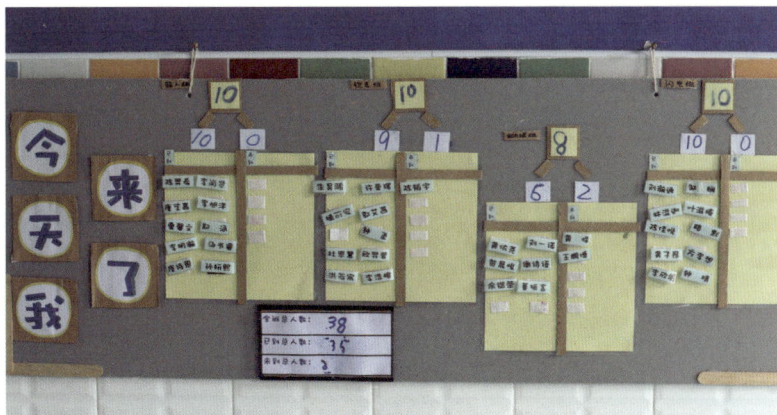

大班幼儿已可进行简单的数字加减计算，教师通过将 10 以内的数分解融入点名牌中，既让幼儿在操作类游戏中自主完成到园人数统计，又在操作过程中自然强化巩固了数学领域的知识点。

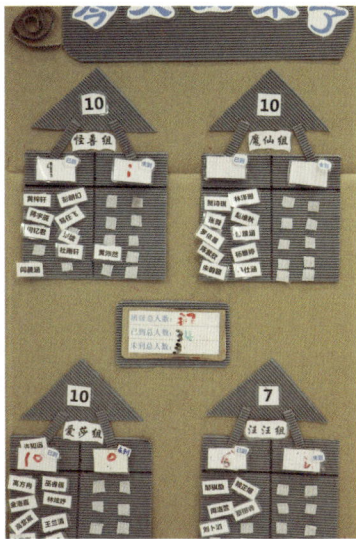

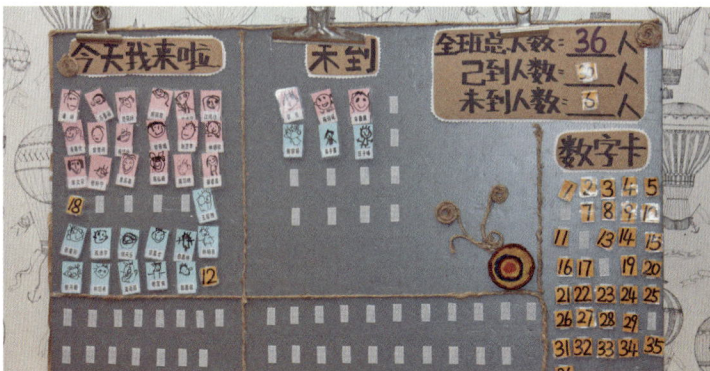

班级人数统计表既能够让幼儿获得分类、统计、计数等数学核心经验，又能培养幼儿关心同伴的品质，帮助幼儿树立集体意识。

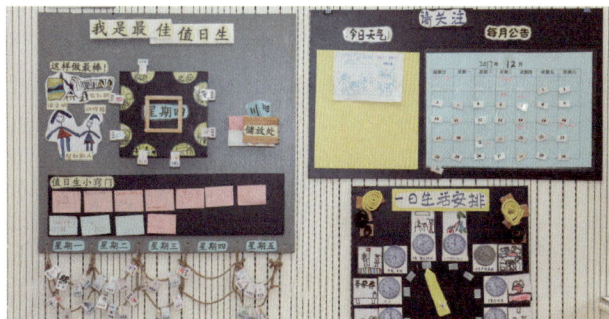

从几个内容板块的布置可以看到环境的教育性及幼儿的自主性，关于值日生工作安排、天气播报、一日生活流程的互动性设置，将幼儿对自己、班级、环境的关注融入可操作的游戏中，使环境也成为无声的教师。

有关时间记录、天气记录的操作板块将数学、科学的知识经验蕴含其中，帮助培养幼儿的时间观念和留心观察周围世界的品质。

下图为天气播报栏。幼儿将天气播报作为每天的工作，教师为幼儿在墙面上提供观察工具、张贴素材及记录表等材料，引导幼儿细心观察、认真记录，帮助幼儿不断积累经验，并将经验运用于新的学习活动。

上图为每月公告栏。通过幼儿直观绘制表征未来一段时间内要做的或可能发生的事情，帮助幼儿建立时间观念和计划意识。

引导幼儿识别自身情绪对于幼儿心理发展十分重要，在教室设立一面"情绪墙"，有助于幼儿在操作中强化对自身情绪的感知和识别。此外，幼儿通过绘画的方式对情绪予以表征，也能让教师及时了解班级幼儿的情绪情感动态。

将幼儿与教师共同制作的一日生活流程图张贴在教室，有助于提醒幼儿各个环节的活动内容，帮助幼儿建立时间观念，形成内在秩序感，养成良好的一日生活习惯。

用幼儿自己绘制的作品表征出每个时间段该做的事情，让幼儿参与班级环境创设的同时，更便于幼儿理解每日活动内容，而教师通过巧妙的时钟、转盘设计，让幼儿直观感知一日生活活动依照一定的顺序开展、每日循环的规律。

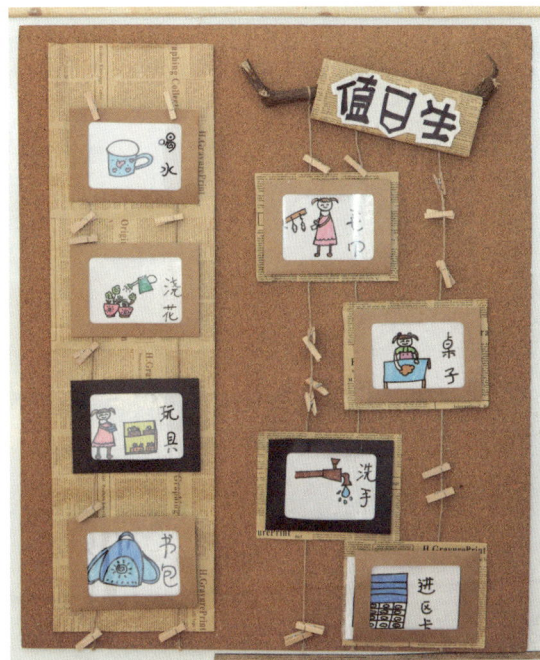

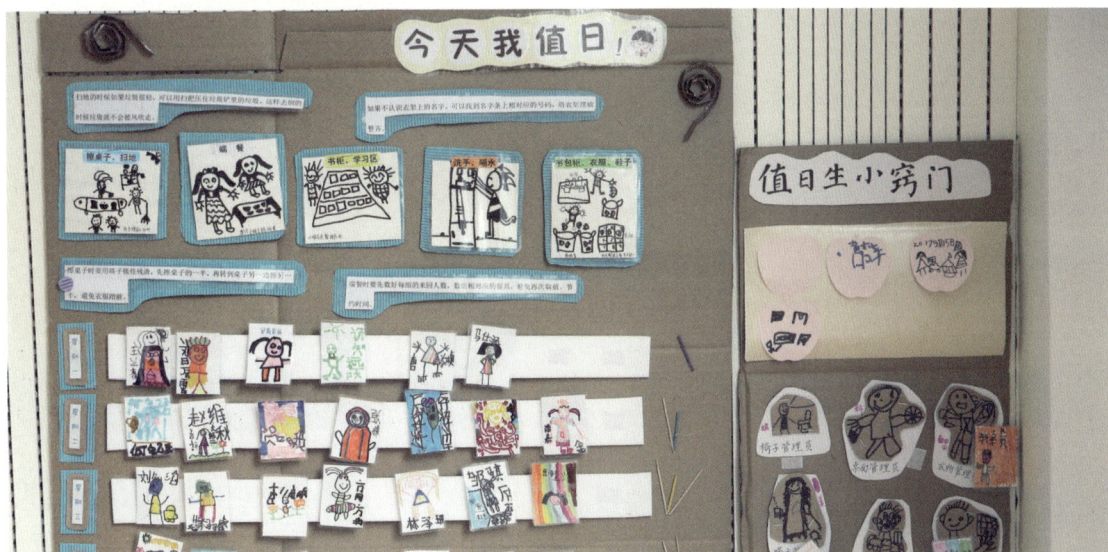

　　在班级环境中通过图文匹配的形式展现值日生的工作内容，能对幼儿起到一个提示的作用，有助于培养幼儿为集体服务的意识，增强幼儿的责任感。

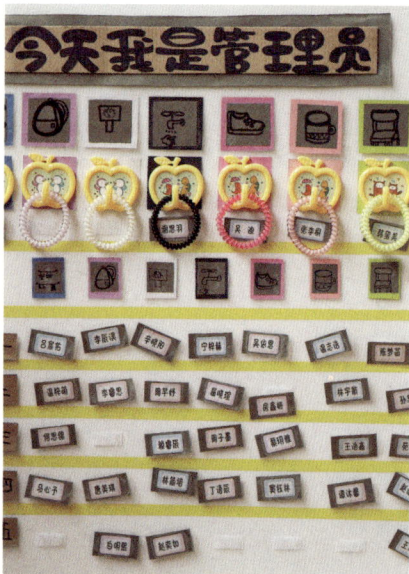

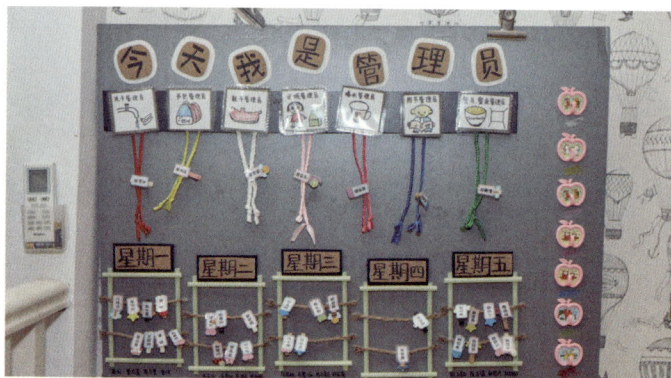

用颜色与工作内容配对的方式，让每天工作的值日生清晰了解自己的工作时间和任务，幼儿自己动手操作的方式有利于提高幼儿的工作积极性，培养幼儿的责任意识、任务意识。

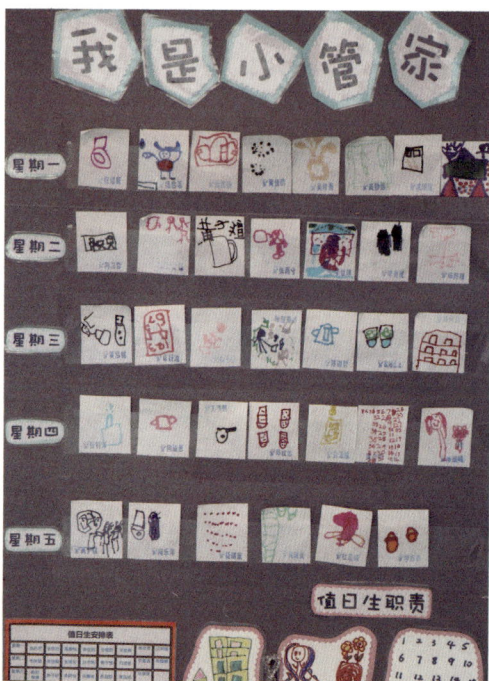

大班值日生公告板，通过可移动插片的方式实现更换，既方便幼儿操作也能让幼儿知道每日的人员安排。

大班值日生公告板的另一种呈现方式。

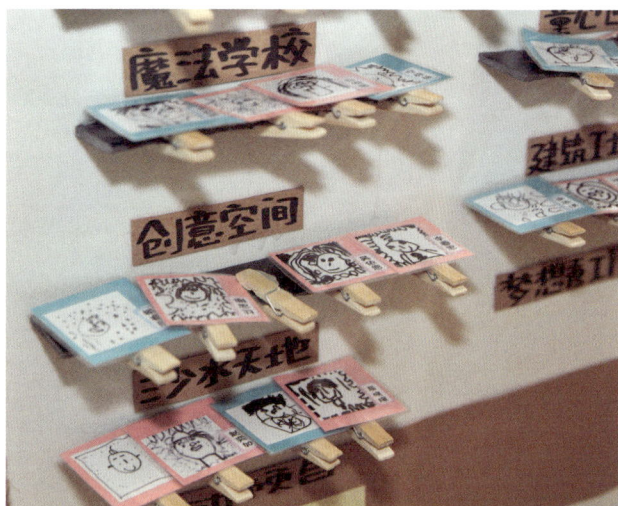

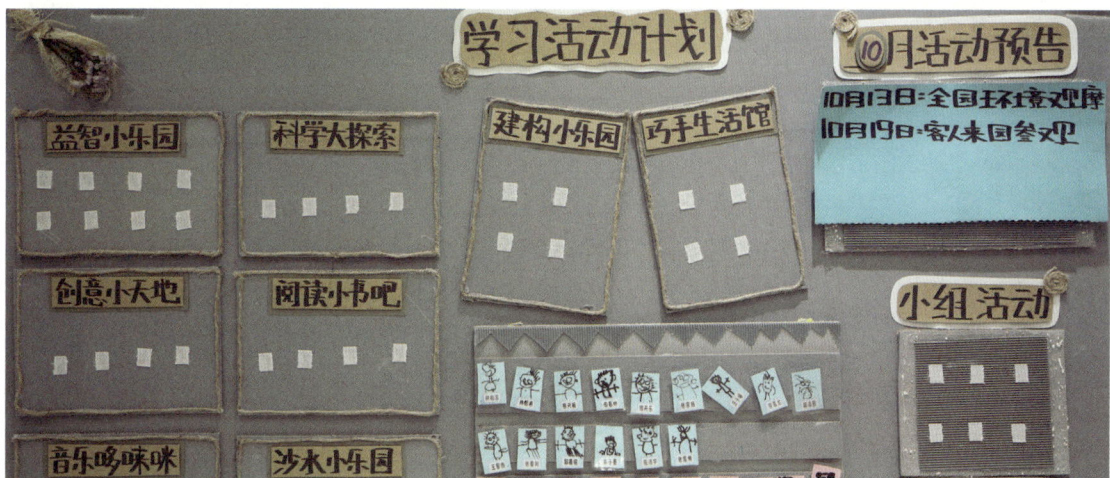

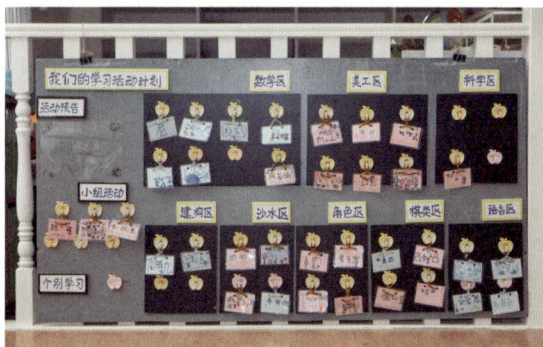

　　设计区域活动计划板方便幼儿在每日区域活动开始之前自主选择活动区域并做好活动计划，也便于教师跟进了解幼儿的区域选择情况。

该区域活动计划板的设计既可供幼儿自主选择活动区域，同时通过限定夹取数量以起到限定各区人数的作用。当某一区域人数已满时，幼儿无须教师提醒，可自行根据各区域板块的人数情况随时调整进区计划。

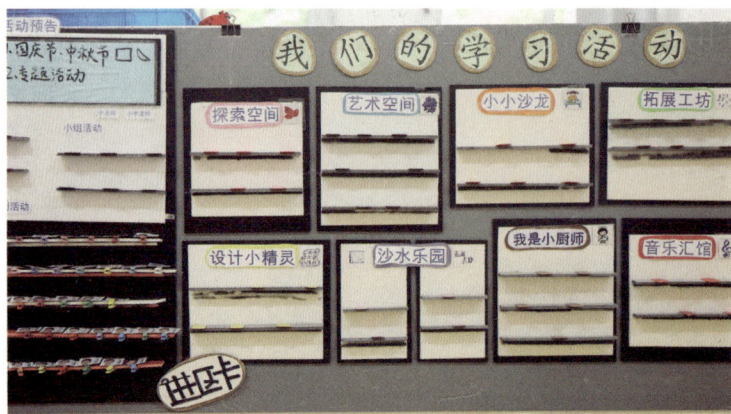

墙面的其中一项功能便是呈现幼儿在主题活动中的学习内容和过程，其表征形式可以多种多样。

将墙面挂上一块大面积白板，可以实现多功能用途，既可用于粘贴，也可根据需要作为幼儿的涂鸦墙等。如左图所示，该墙面白板采用简易思维导图的形式粘贴呈现主题探究内容，对幼儿是一种思维方式的培养，主要内容均来自幼儿作品，体现了对幼儿的尊重与赞赏；主题墙下半部分的涂鸦区遵从了幼儿的兴趣和需求，给予幼儿自主创作的空间。

如果墙面材质不适合进行粘贴装饰，可根据空间挂上几个小挂板，将需要展示的内容粘贴布置于挂板上，这也是一个灵活利用空间的方法。

在主题墙面展示中可共同呈现实体照片与幼儿表征作品，体现幼儿的学习过程，也呈现幼儿多元的学习方式。

关于在主题墙上呈现幼儿探究的痕迹，我们往往会想到他们探究过程中的表征作品。实际上让幼儿从生活中寻找并带来一些主题中涉及的物件，也是活动过程的记录，相关物件还是主题资源的一部分，可用于接下来更进一步的主题探究。

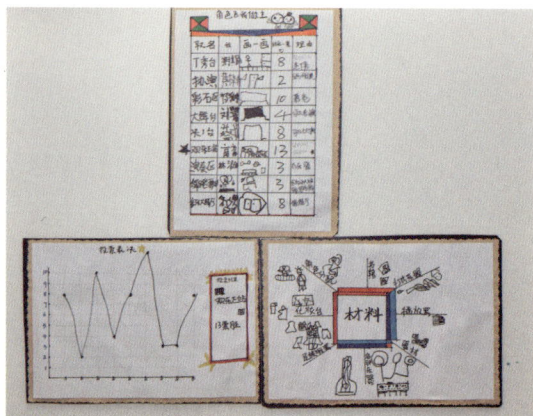

作为班级公共区域的墙面是幼儿经常浏览的地方，主题活动中涉及的统计过程和结果都可呈现于墙面上。

左图也是一种常见的主题墙布置方法。在"鸟"的主题中，教师通过在墙面上创设一个情境（鸟妈妈和鸟宝宝），更富趣味性地将幼儿的作品组合起来，形成了一幅生动有趣的作品，置于墙面既呈现了每位幼儿关于自己对鸟的表征，也对教室环境起到装饰美化的作用。

该主题墙内容呈现的是在"幼儿园"这一主题下，幼儿关于"幼儿园平面图"的表征作品。

在"幼儿园"主题下，除探究园中有哪些场所和各场所的功能及特点外，还可探究不同场所在园舍中的具体方位，引导幼儿通过现场考察自主粘贴各场所位置，可形成一面表征幼儿园基本布局的主题墙，形象体现幼儿的学习过程。

这个主题墙呈现了幼儿园各场所的位置。虽然在二维墙面上呈现，实际表征的是三维的空间，有利于提升幼儿的空间方位感。

同样是有关"幼儿园"的主题环创，这个班级的主题墙采用了另一种对幼儿表征作品的呈现方式，展示了幼儿对幼儿园各楼层相关场所的理解。

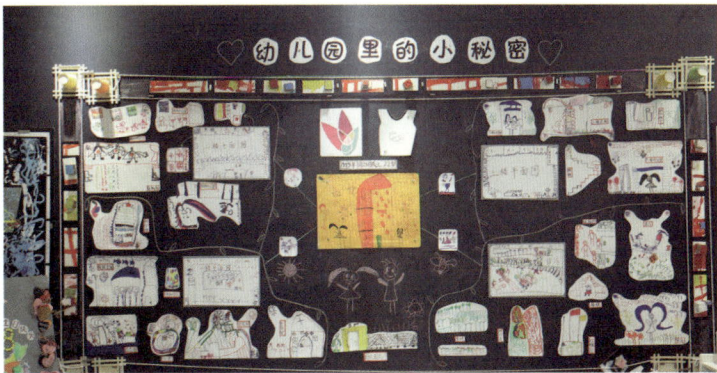

将幼儿的美术作品稍加整合装饰予以张贴呈现，便可成为吸睛的焦点。

该墙面呈现了幼儿关于"西红柿"完整的学习过程，包括认识西红柿的特性（颜色、形状、内核、种类等）、讨论种植西红柿需要用到的工具、种植的过程与步骤以及种植后的观察记录等。照片帮助幼儿再现活动情景，回顾活动的愉悦，观察记录本为幼儿的观察、记录提供载体。

在大班关于"家乡"的主题墙上，呈现中国地图供幼儿配对，同时增设统计表记录班级各省份幼儿的数量，引导幼儿从关注自身进一步延伸至关注他人。

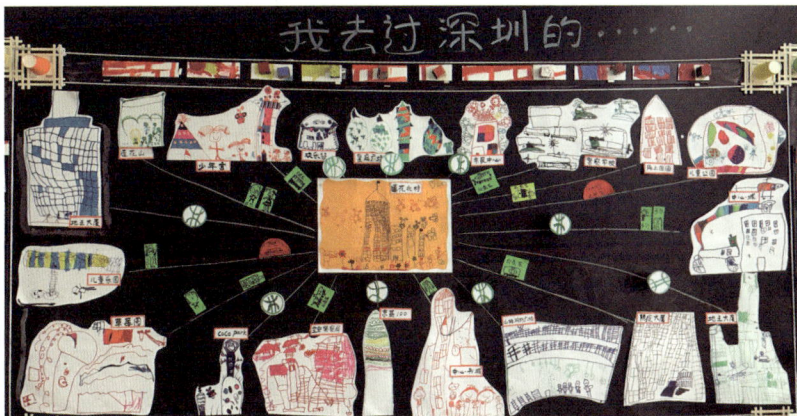

在中班主题"深圳"中，除了让幼儿关注深圳的重要地标并加以表征，还可进一步讨论前往此地采用的交通方式。这样的延伸及主题活动的探究轨迹均可通过墙面来呈现。

该主题墙呈现了幼儿关于快递这一行业的探究内容，教师通过集体讨论，引导幼儿进行艺术表征，帮助幼儿梳理已有经验、获取新经验，并最终通过统计表格和分类表格的方式予以呈现，提升了幼儿分类、统计的能力。

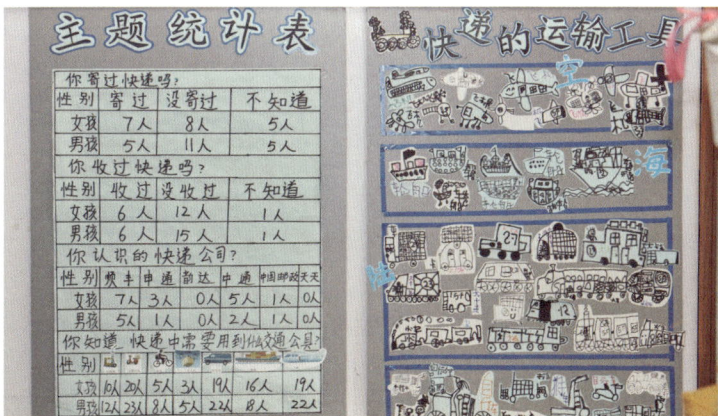

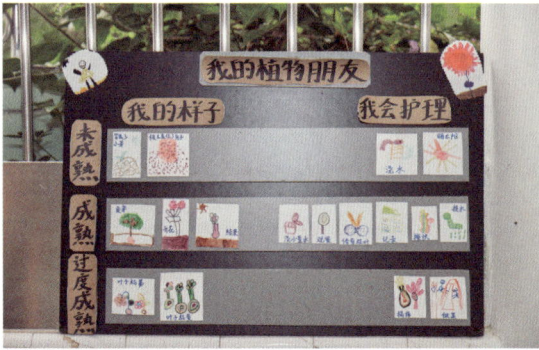

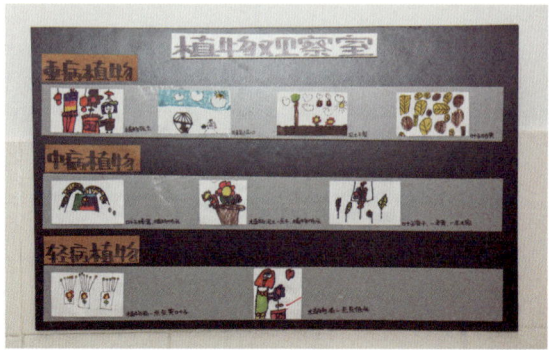

教师引导幼儿将所观察和学习到的关于植物的三种成熟状态和生病的状态予以表征，并配以相应的护理方式提示，培养幼儿观察、记录的习惯，相应的护理办法能够激发幼儿照料植物的积极性，培养幼儿解决问题的能力。

该主题墙记录的是幼儿在探究幼儿园草坪的过程中，所持有的疑问以及经过现场观察探究后，在教师的指引下获得的解答，较完整地呈现幼儿的学习过程与结果。

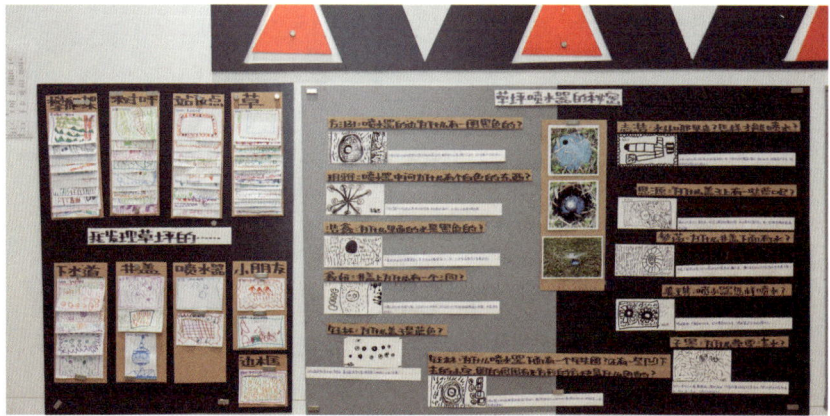

每个孩子的作品都值得欣赏和展示，用底色相间的画纸承载幼儿的作品和想法，在墙面上做一个集中的张贴呈现。

　　将幼儿的作品如艺术品般用心展示在教室内外的墙面或展示架上，体现了对幼儿的尊重、鼓励与赞赏，能够激发幼儿的归属感和成就感。

# 第五节 生活环境

幼儿园卫生间一般要满足如厕、盥洗、储物等功能。会设置符合幼儿年龄特点的厕所、洗手台、毛巾架、镜子等设施；还会设置教师专用厕所、储物柜、拖把清洁槽等。有条件的幼儿园还会配置淋浴设施、洗衣机、消毒柜等。

上图卫生间设计简洁、实用，分区设置合理，能满足幼儿使用需求，储物柜设在墙上方，大大节省了地面空间。

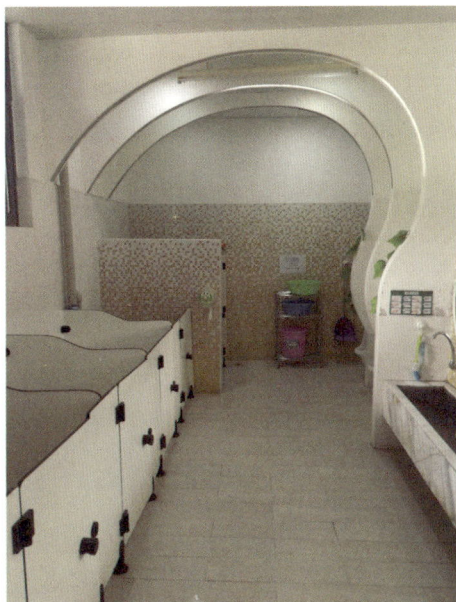

卫生间地面采用防滑地砖，保证环境安全；墙面的马赛克、拱形墙顶与各功能区间的镂空隔断，增加了环境的创意感。

卫生间地面洁净干燥，铺设防滑垫，防止幼儿滑倒；洗手池的高度适宜；教师厕所采用全封闭式设计，私密性好。

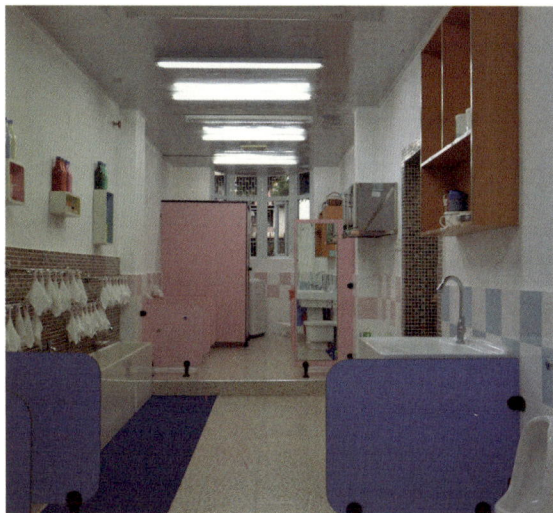

卫生间内便池应男女分区，这样有利于幼儿性别意识的形成，如左图中女孩便池隔板为粉色，男孩便池隔板为蓝色；便池的隔板高度应与该年龄段幼儿身高相适应，便于幼儿扶立；还应为男孩设立专用小便池。

卫生间男女分厕，用围栏隔开，男女各在一侧，有利于幼儿性别意识的形成；围栏高度适宜，便于教师观察两侧幼儿情况；围栏做成植物墙形式，既增强了环境美观度，带来盎然生机，也增加了如厕的私密性。

卫生间朝南以及大面积透明落地窗，能够让室内受到阳光直射，接受日光消毒的同时保证采光，窗户也能形成良好的通风，保证室内空气质量。

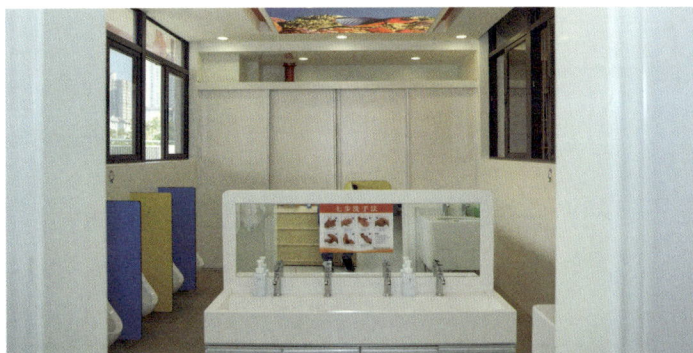

卫生间窗户设在高处，既能保护隐私，也能通风散味；天花板用蓝色的天空与海洋图案点缀，使整个空间显得明亮而美观，让如厕也成为一件幼儿乐意做的事情。

七步洗手法的流程图形象直观，张贴在显眼处，提示幼儿按正确方法洗手；镜子装在适宜幼儿使用的高度，处处体现了以幼儿为本的设计理念。

卫生间水龙头做了延长处理，方便幼儿洗手；环境明亮干净，体现了简约实用的风格。

右图中卫生间地面上的小脚丫提醒幼儿人多时排队，指引幼儿建立良好的秩序；而男孩小便池处的小脚丫提示幼儿正确的站位，细节处的用心，体现幼儿园利用环境培养幼儿良好的生活习惯的理念。

为每名幼儿提供一条毛巾，供其擦嘴擦手用；定点定位并做好个人标记，间隔悬挂，防止混淆和交叉感染；同时根据幼儿的高度悬挂毛巾，方便幼儿取用。

　　教室与卫生间需要用到许多清洁工具，如抹布、拖把、扫帚等，这些物品不宜放在教室或走廊，一般会放置在卫生间，合理地管理这些物品，保证这些物品存放妥当又不影响环境的整洁美观非常重要。如右上图中，抹布有很多种类，如教室专用、餐桌专用、卫生间专用等，用不同颜色的丝带系在各类抹布上，再对应挂在相应颜色标记的挂钩上，保证每个物品都有固定位置，不会相互污染。对物品进行精细化管理，体现了幼儿园良好的管理文化。

拖把、扫帚等清洁工具也需要有专门的存放点，最好悬挂放置，便于沥水，减少细菌滋生，同时使用后要及时清洗干净；各场所一般应配备专门的清洁工具。右图中，各工具分开放置，方便取放；拖把下方设置接水槽，防止脏水流向地面，成为安全和卫生隐患。幼儿园细致入微的工作，体现出其对环境的重视，对幼儿健康的重视。

| 清洁用品 | 消毒粉 | 洗衣粉 | 肥皂 |
|---|---|---|---|
| 教师口杯 | 食用醋 | 食物渣盘 | 口罩 | 手套 |

许多清洁消毒工具和物品一般不宜幼儿接触，所以应有专门的存放空间。左图中专门的储物柜中物品摆放被整体规划，定点定位，便于取用和存放，提升环境美感和安全性的同时，提高保育员和教师的工作效率。

271

在各类清洁用品存放处标明"禁止幼儿触摸"标识，随时提醒保育员和教师保证幼儿安全。

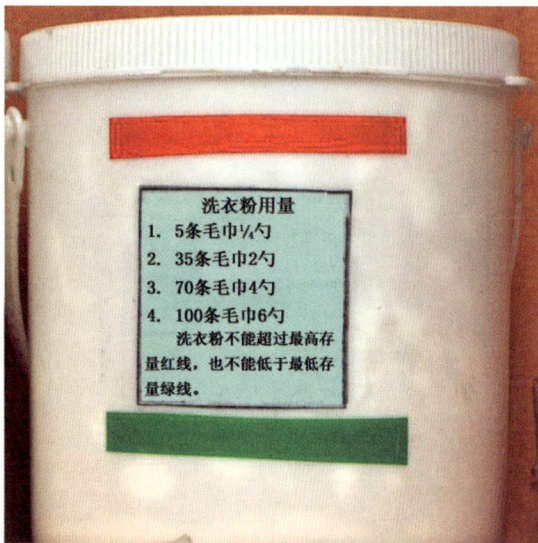

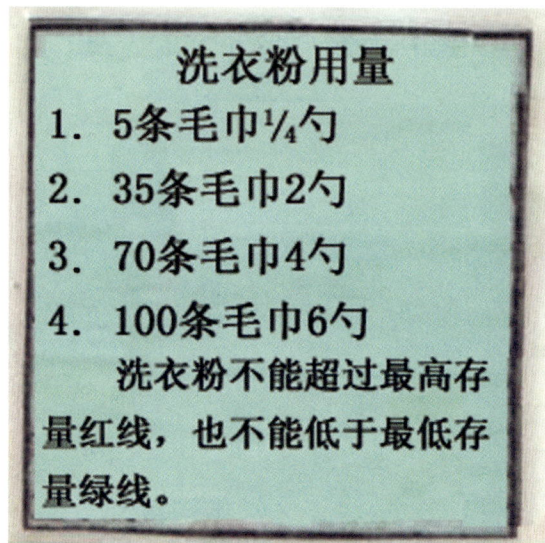

洗衣粉用量
1. 5条毛巾¼勺
2. 35条毛巾2勺
3. 70条毛巾4勺
4. 100条毛巾6勺
洗衣粉不能超过最高存量红线，也不能低于最低存量绿线。

用于清洁幼儿物品的洗衣粉用量不能凭感觉随意使用，用量大，浪费资源，造成污染；用量小，清洁效果难以保证。在洗衣粉盒上定量规定洗衣粉用量，对保育员和教师来说更易理解，更具可操作性。同时洗衣粉盒上还标示了存量的最低（绿色）和最高（红色）刻度线，提示存量到达最低刻度线时应及时补充，补充时勿超过最高刻度线以降低溢出概率。

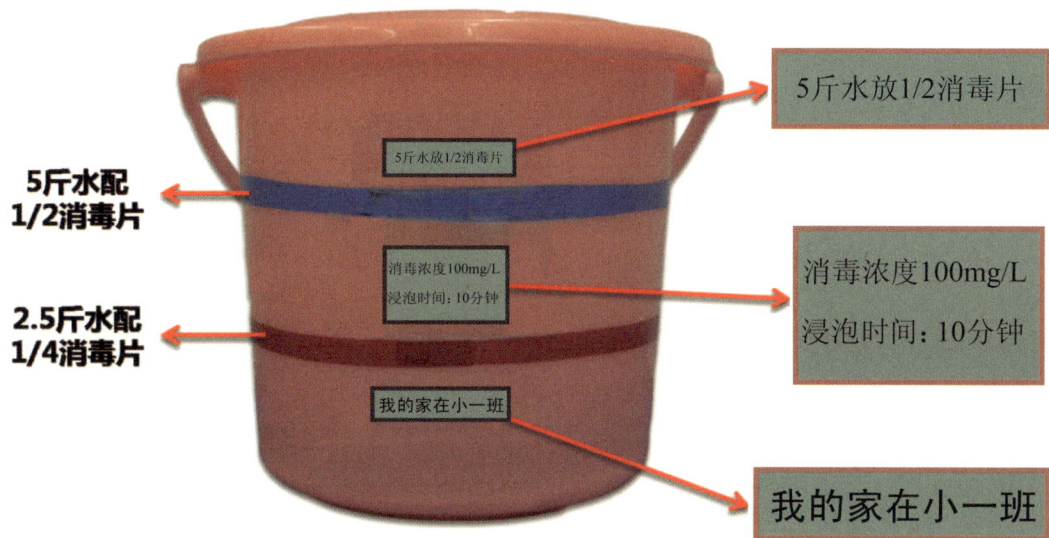

5斤水配
1/2消毒片

2.5斤水配
1/4消毒片

5斤水放1/2消毒片

消毒浓度100mg/L
浸泡时间：10分钟

我的家在小一班

用于日常消毒清洁的消毒水需每日配制，而消毒桶和消毒片一般也会存放在卫生间。在消毒桶上明确地标记出不同的水位对应的消毒片数量、浸泡时间等关键信息，简单明了，便于理解。这样的标识具有很强的可操作性，能让保育员和教师迅速掌握要领，保证消毒效果，使环境卫生达到标准。

幼儿由于多食、肠胃不适、生病等原因易呕吐，所以在卫生间内放置一套呕吐物处理工具非常有必要，可快速处理幼儿呕吐物，以减少病毒、细菌扩散传播，保证环境卫生。

# 第六节  班级材料收纳

　　班级活动区域少则三五个，多则七八个甚至更多，各区域中各类材料、工具繁多。整理收纳好这些材料非常重要，不仅能让班级环境更加整洁、美观，方便幼儿使用，同时也是对幼儿隐形的教育，让幼儿学会收纳、整理，从而培养幼儿良好的自我管理的能力和秩序感。

整理班级环境，不是简单地将物品摆放整齐，而是分门别类、巧用各类容器和置物架，有序摆放以便高效地使用空间。提高环境的可利用性，并在此过程中逐步培养幼儿的自我管理能力，是班级材料收纳整理的核心目的。

各种形状、高度的隔层置物架、收纳架，既让物品有了较好的归宿，同时也可作为班级各区域空间规划的隔断。

　　各种形式的桌面置物架的使用，大大扩大了桌面的置物空间，使材料随手可得，尤其适合收纳放置幼儿日常经常使用的材料和工具。

托盘是各活动区域材料收纳最常用的容器，一个托盘单独盛放一份材料，保持了材料的独立性和完整性，非常适合用于放置各区域中供幼儿进行个别操作的材料，也便于年龄较小的幼儿整理，防止材料各部件丢失。

　　各种规格的小容器、收纳篮、置物盒、分隔盘等让班级的收纳能力大大提高，环境变得整洁有序，是收纳整理各类数量较多、体积较小材料的绝佳选择。可按照材料用途、种类、颜色、形状等进行分类放置。

　　透明或半透明置物盒的使用，让材料清晰可见，方便取用。小物品，如小积木、小毛球等，可使用带盖的透明盒子，防止洒落；稍大的纸板、积木、其他材料等，可用大型的透明盒子存放。

原木色置物架、收纳筐的使用，让环境中增加了古朴自然的味道。可调节层高的置物架，根据材料高度来调节合适的高度，增加了可利用性；置物架上放置同色系的收纳筐或透明收纳盒，墙面及各类装饰物也采用同色系，视觉上更加和谐自然。

墙面置物袋也是一个极好的储物选择，既一目了然，方便幼儿取用，也大大节省了柜子、桌面的储物空间。

收纳整理有两个层次，先分类再摆放。分类有诸多原则，其中之一便是颜色分类原则，即按照物品的颜色进行分类。颜色分类可直接目视，方便高效。右图中的各色颜料，因为数量多，所以按照颜色分别摆放，将同色系的颜料置于一个格子里，如将深黄、明黄、浅黄、红黄色颜料放在一起。整体看来，颜料分类放置，整齐而有对比，方便选择。

同样是画笔的收纳，选择颜色和画笔一样的笔筒，将画笔按颜色分类，而笔筒内的画笔颜色与桌面上的颜色标记一一对应，可以让幼儿清楚地知道不同颜色画笔的存放位置。

为班级美工区各种颜色的画笔选择颜色一致或相近的笔筒不失为一种方便有效的收纳方式，不同颜色的画笔放在不同的笔筒里。幼儿在使用时，可根据笔筒的颜色将画笔放回，提高幼儿取放和整理的便利度和效率。

将画笔按颜色分类，根据画笔的数量，采用不同的容器盛放，在容器上张贴颜色标记，提示画笔存放位置，方便幼儿取放。收集牛奶罐、果汁瓶、纸盒等容器制作成笔筒，既环保又实用。

这类笔杆较细的画笔，因数量较多，适宜存放于分格的笔筒中，每格按颜色分类，倾斜的角度方便幼儿坐着绘画时取放。

图中的材料为美工区使用的装饰材料，细小而量多，高深透明的圆盒收纳能力特别强，较适用于这类材料的存放。

美工区里各种丝带也是收纳难点，这里直接将丝带用绳穿好，悬挂于墙面上，方便使用而不易乱。

按照物品的使用频率来存放，桌面是易于幼儿取放物品的地方，放置美工活动时经常会用到的胶水、纸张、丝带、丝线等，而墙面空间也被利用起来，放置各种形状的木棒、毛根等使用频率较低的材料。

按形状分类原则进行收纳。物品的形状不一，摆放时为了节省空间，方便取放，可以按照形状来分类。右图中长卷状的即时贴纸，在存放时易滚动，故选择用 PVC 材质的圆管锯成合适的长度来存放。这样存放的卷纸，易查看颜色，方便取用，同时节省了不少空间。

同样，竹竿、木棒、树枝等细长型的物品也可纵向竖立放置于不同高度的 PVC 圆筒中。

使用敞口编织筐来收纳美工区的卷纸，方便选择、整理和取放，藤条的外型也为环境增添了一丝自然环保的气息。

上图中的各类材料有的细小，放置在透明小瓶中；有的细长，放置于圆筒中；有的直接捆绑起来；有的形状不规则，放置于长方形盒子中。根据材料的形状来进行收纳，既美观整齐，又方便取用。

建构区的积木形状各异，数量多，按照积木的形状来分格存放，整齐美观。

右图中，根据各类工具材料的大小、形状，在方盒里面划分出各自的存放点，井然有序；透明盒盖让幼儿可直接观察到盒内物品，直观方便，扁平的置物盒也节省空间，便于收纳。

置于地面上的书架，幼儿阅读频率高的绘本竖放于书架最上方，方便幼儿取阅；而阅读频率稍低的书籍叠放于格子中，有兴趣的幼儿也可以随时取阅。按使用频率来存放书籍，能降低取阅难度和整理难度。

定点存放，是维持环境秩序、方便幼儿取放材料的重要手段。右图中，材料柜中用托盘盛放每份材料，在托盘上和柜子里做好一一对应标识，幼儿在操作完材料后，可根据托盘上的标识找出该份材料的存放点，将材料送回原处。既维持了环境的整洁，降低了教师劳动量，也引导幼儿进行自我管理，养成整理的好习惯。

对于小班的幼儿，教师可用实物图片作为定点存放的标识，将盒中物品拍成照片，张贴于储物盒外，幼儿根据图片找寻物品的存放点，一目了然。

根据幼儿分组情况，用右图中的收纳盒来分开存放各组材料或工具，便于幼儿进行分组活动时随时取用。同时在收纳盒上做好组名标识及位置标识，方便幼儿自我整理。

除了定点存放，集中存放也是一种应用广泛的收纳手段。美工区涉及的材料众多且种类繁杂，为了保持环境的整洁，可将各类材料分类后，集中摆放于材料柜上，方便幼儿根据活动需要取用。

把相同种类、相同使用功能的材料集中摆放，营造一个直观生动的场景，更易寻找的同时，也易于引起幼儿兴趣。

科学区有时会投放一些种子，体积小、数量多。将之分类后，集中存放于多格敞口收纳盒中，标出名称，方便幼儿观察。

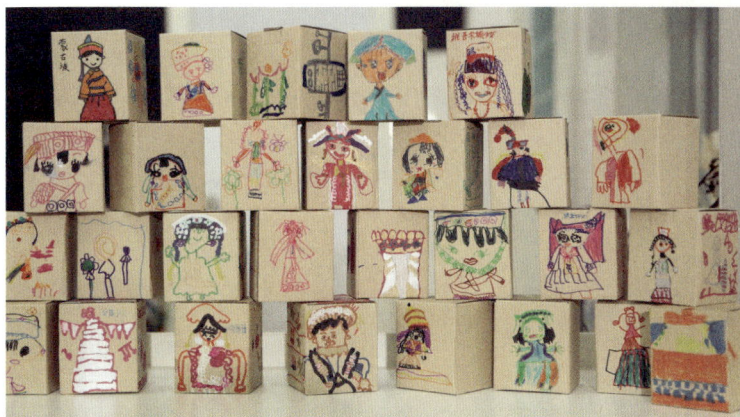

幼儿创作的"56个民族"主题绘画作品，用层层叠高的方式集中展示在桌面上，增加了作品的欣赏价值。

幼儿的作品量多且不易收纳，可将一部分幼儿作品展示在教室中并定期更换。左图中幼儿作品被整齐地张贴在班级墙面上，或阁楼栏杆上。

充分利用墙面空间，在确保安全的前提下通过在适当位置安装一些置物板，能进一步扩充幼儿作品的展示空间，让更多幼儿的艺术作品能有机会得到展示。

同样是用墙上的置物架陈列幼儿的作品，虽然作品繁多，但在展示时按作品颜色、形状等做到分类摆放，同样能营造美的环境。

也可用单独的置物架来陈列幼儿的作品，为幼儿开辟一处专属的艺术展示空间，注重陈列作品的选择和摆放方式，环境美而有序。

还有一些充满创意的材料收纳方法。比如各个颜色的胶带不再规规矩矩地置于收纳盒中，而是悬挂在区域角落的小展示架上，这样也避免了胶带的缠绕与凌乱，为幼儿在取用时提供了极大的便利。

桌面微型展示架也是一种很好的幼儿作品展示工具，幼儿可自行动手操作，也便于欣赏。

柜子的一侧，通过悬挂 S 钩，并在 S 钩上做好标识，定点存放幼儿植物护理工具，一方面保持工具的干燥清洁，另一方面也节省了平面储物空间。

用多孔收纳盒来固定存放工具材料，同时提供示例照片进行提醒，引导幼儿，尤其是小班幼儿在使用后进行自主整理。

# 第四章

## 图说幼儿园户外环境

在幼儿园的物质环境中，你可以看见幼儿的生活状况、活动空间和意愿落实的程度；在幼儿园的物质环境中，你可以体验到教师的儿童观和教育观，你可以感觉到一个幼儿园课程文化的基本精神。可以说，幼儿园的每一处环境、每一个事物都在诉说着幼儿园课程建设和发展的文化脉动。

——虞永平

有良好的设计和创造性的规划，室外环境可成为有效的学习环境……运用室外环境作为学习环境可延伸教育的机会，学生能观察到时间、天气和其他力量对其庭院的自然影响。[1]

——莱顿

① 汤志民：《幼儿园环境创设指导与实例》，151页，上海，华东师范大学出版社，2013。

# 第一节 幼儿园户外环境规划和创设要点

幼儿对户外的阳光、空气和自然、开放的环境有着与生俱来的喜爱之情。在如何引发幼儿的学习兴趣这个问题上，户外空间的作用不容小觑。有研究证明，幼儿在自然界中玩耍、学习和互动，对他们的健康、思维和行为都能产生深刻的、形成性的影响。越来越多的教育者也开始借助户外的自然环境进行正式教学，并帮助幼儿发展更多的技能。[①]

幼儿园户外活动被认为是游戏环境中一个至关重要的组成部分。发展适宜性的学前课程同时重视幼儿室内和户外的游戏和学习经验，并认为两者是同等重要的（DeBord et al.，2002）。我们不能仅仅把户外游戏视为儿童（和成人）调节情绪的时间，即回到室内开始认真的学习活动之前的一种休息。相反，儿童在室外可以拥有在质上与室内完全不同的多种游戏经验，它们在规模、范围和声音分贝上都不同。[②]弗洛伊德等人在1989年就提出："户外游戏环境以不同于室内游戏环境所能提供的方式来促进儿童成长发展"[③]，"宽阔的场地提供给儿童用身体去探索、计划和实施活动的机会，不必在意噪声或行为限制"[④]。更有研究指出，户外环境能引发和室内环境一样多甚至更多的社会性游戏。在户外，幼儿可以大声呼喊、尽情地游戏并释放能量，还可以与同伴一起玩集体游戏。在户外，幼儿能亲近自然，感受天气的变化；幼儿的身体素质和力量也会得到锻炼，同时还能发展他们的创造力和认知能力。调查指出，经常参与户外

---

① ［斯洛文尼亚］朱·科特尼克：《儿童学习空间设计》，2、5页，南宁，广西师范大学出版社，2017。
② ［美］卡罗尔·格斯特维奇：《发展适宜性实践——早期教育课程与发展》，霍力岩等译，132页，北京，教育科学出版社，2011。
③ ［美］Henniger M L："Enriching the outdoor play experience"，*Childhood Education,*1993(70)，pp.87-91; Talbot，J. Frost J，"Magical play scapes"，*Childhood Education*，1989(66)，pp.11-19.
④ ［美］Perry J P．"Making Sense of Outdoor Pretend Play，"*Young Children*，2003(58)，pp.26-30.

游戏的幼儿，他们的视觉、语言表达力和社会能力比不常参加户外活动的幼儿强（Yerkes，1982）。陈月文等人指出：户外活动在给予幼儿愉悦体验的同时，可以促进幼儿身体动作、认知、社会性情绪情感等的发展。[①]

由此可见，幼儿园户外环境是幼儿园教育环境不可或缺的组成部分，户外环境的构成要素直接影响幼儿园功能的完善和环境质量的提高。从幼儿园的教育方式和特点以及幼儿身心发展的需要来看，户外环境设计，应作为幼儿园建筑设计不可缺少的组成部分，必须给予足够的重视，并精心设计，以使幼儿能生活在一个明朗、愉快、富有教育意义的环境里。[②]

本书的户外环境主要指能供幼儿进行运动、参与游戏、开展探究学习的户外空间场地。从幼儿园户外活动场地的功能分区出发，主要将幼儿园户外环境分为户外运动环境和户外学习环境。户外运动环境主要指能为幼儿开展走、跑、跳、钻、爬等各种运动游戏提供场地和器材的户外环境；户外学习环境主要指能为幼儿获得学习经验提供资源和氛围的户外环境，如户外沙水区、户外建构区、户外音乐区等。户外环境的设置与室内环境同等重要，下面，我们就从空间规划和环境创设两个方面入手来谈一谈幼儿园户外环境的规划和创设要点。

---

① 陈月文、胡碧颖、李克建：《幼儿园户外活动质量与儿童动作发展的关系》，载《学前教育研究》，2013（4）。
② 汤志民：《幼儿园环境创设指导与实例》，151页，上海，华东师范大学出版社，2013。

# 一、幼儿园户外环境空间规划

## （一）合理分区优化户外空间布局

许多户外场地的专家建议，空间应该被划分成不同的区域，以满足不同运动的需求。划分不同的区域，可以减少冲突，提高儿童的注意力。[①]幼儿园在思考户外环境空间布局时，可将户外环境中相对宽敞、平坦的区域用于规划户外运动环境，设置操场、跑道、大型活动器械等场地，地面尽量采用软质铺装，如草皮、塑胶地面等，便于幼儿进行各种体育运动和游戏，开敞流畅的空间也能让幼儿尽情奔跑玩耍，使用起来也更加安全舒适。对于户外环境中相对独立、安静且靠近教室区域或有树荫、遮阴的区域，可用于设置户外学习场地，这些场地运动范围相对较小，具有一定的空间边界感，能够尽量避开周边户外活动所带来的噪声、人流等因素的干扰，利于幼儿更加专注地在其中参与户外的探究学习活动。当然，幼儿园可以根据课程和活动需要，对部分场地进行多功能利用，如面积大而平坦的操场，既可以作为幼儿园组织集体操或大型集体活动的场地，作为教师组织体育活动的教学场地，作为幼儿骑行单车、滑板车等轮式设备的场地，作为幼儿户外自由游戏的场地，又可以在幼儿自选活动时间开放作为户外建构区的活动场地等。

---

① [美]朱莉·布拉德：《0—8岁儿童学习环境创设》，陈妃燕、彭楚芸译，374页，南京，南京师范大学出版社，2016。

## （二）通过多种方式进行户外功能分区

户外环境是幼儿园中最开放的环境，幼儿乐于在其间参与各种运动游戏和学习探究活动，幼儿园常根据课程和活动需要设计一系列大小不一的区域空间。完善的功能分区能让幼儿更充分地利用环境，不同的地块有不一样的使用功能。但户外环境不同于室内环境，无法通过配备各类玩具柜、屏风等设备物品作为各场地空间的分隔物，以便为活动中的幼儿提供不易受干扰的空间。在户外环境中，我们既要考虑各区域空间的相对独立性，又要思考这些空间在视觉和使用上的开放性，同时还要考虑尽量保持户外环境的整体性。

幼儿园可以尝试通过以下几种方式为户外环境各活动区域确定自然分界线，在空间上合理分区：一是巧妙利用地形地貌，如在有土堆或斜坡的地方打造滑梯区，在直立大树干或宽敞的户外墙面打造攀爬区等；二是利用大树、灌木丛等绿色植物自然形成的空间边界进行区域划分；三是打造曲折小径，提供户外活动交通路线的同时自然形成区域分界线；四是根据地面不同的铺设材料自然形成区域分隔，如绿色草皮铺设的操场与塑胶材料铺设的环形轮滑小车道相隔，自然形成两个运动区域等；五是适当搭建一至两处小木屋、小树屋、小帐篷等，或在有较大树荫又相对安静的角落，在建筑物外墙面搭建遮阳棚等打造独立的户外或半户外学习区域，在各个学习区域的位置规划过程中，与班级学习区域的规划原则相同，也应注意动静分区合理的问题。

## （三）根据幼儿发展需要确定户外环境的活动内容

泰勒（Taylor，1991）指出规划室外游戏区需考虑与幼儿发展目的相关的学习区、玩具和活动，尤其是大肌肉的运用，应适龄以利幼儿的发展[①]。幼儿园在规划户外运动环境的各活动区域空间时，应考虑各空间是否能够为幼儿提供上、下、坐、走、跑、跳、钻、爬、滑、荡、吊、摇等活动机会。一般而言，幼儿园的户外运动环境包含以下常见区域：大型活动器械区（如大型玩具）、小型游戏设备区（如秋千、滑梯、攀登架、摇车、轮式玩具等）、操场、跑道等。在规划户外学习环境的各活动区域空间时，应综合考虑其能为园所中室内学习环境做哪些有益拓展和补充以为幼儿提供更丰富、更全面的学习机会和经验。有些活动区域基于某些特性适宜设置于户外空间的，可在户外安排合适的场地进行规划，如沙水区、种植区、养殖区等；有些活动区域既可以设置于室内，也可以设置于户外，但相对室内场地而言，具有户外场地所特有的优势的，也可根据园所户外空间情况，尽量增加相关区域的设置安排，如在室内常受噪声或空间、资源局限困扰的建构区、音乐区、木工区、涂鸦区等。

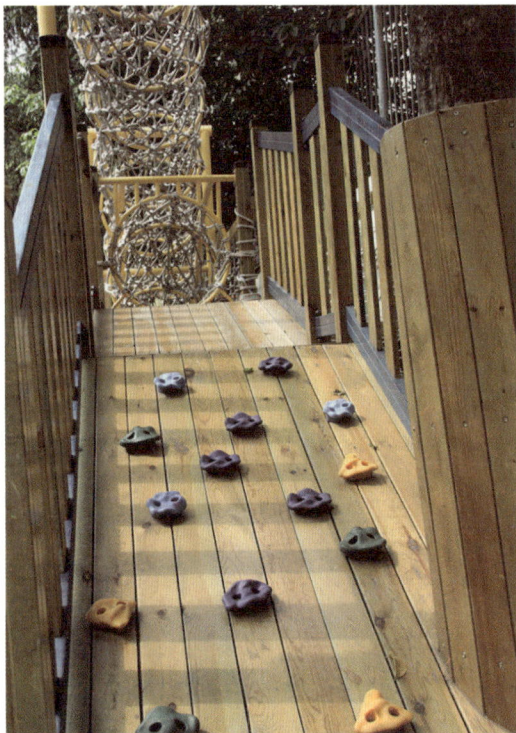

---

① 汤志民：《幼儿园环境创设指导与实例》，173 页，上海，华东师范大学出版社，2013。

## 二、幼儿园户外环境创设

### （一）将安全放在首位

由于幼儿的动作发展还未完善，自我防护意识较弱，在户外环境中参与各种大肌肉运动和游戏时又容易处于情绪高涨、不顾安全的状态，这使得户外场地成为幼儿园最易发生幼儿意外事故的场所。因此，幼儿园在创设户外环境时需将环境安全问题放在首位进行考虑。除了在幼儿活动过程中加强教师的看护和监督，保证幼儿遵守安全规则，不参与危险的活动以外，为幼儿打造安全健康的户外物质环境是基础和前提。幼儿园既要保障户外运动和学习环境对幼儿各方面的发展具有一定的挑战性，也要确保尽量减少户外各场所的危险性。关于保障户外环境的安全问题，汤志民[①]在其《幼儿园环境创设指导与实例》一书中做出了较为全面细致的说明："在器材设计方面，幼儿的游戏动作，如奔跑、跳跃、摇晃、冲撞等，冲击性大，器材的设计应注重其安全耐用。就安全性而言，游戏设备应有多处出口（Moore et al., 1992），动态性的游戏器材（如秋千、浪木、回转地球等）应在其进出口活动方向保留适当的安全距离以免发生危险，静态性的游戏器材（如滑梯、肋木、云梯、爬竿等）可在其下设置沙坑、草坪或塑胶软垫以保安全；阳光暴晒强且没有遮阴的游戏用具，不宜采用不锈钢材质，以免过烫而伤及幼儿皮肤；游戏器材的间隙缺口应避免儿童肢体的夹陷，突出物应适切收头，易撞击处应加装防撞垫；游戏场地应减少水泥或硬地铺面（交通通道除外），并避免杂物、积水、硬化、位移或流失，沙坑应常翻松以保持其使用弹性，草地应注意养护以保持翠绿，塑胶软垫破损、硬化或位移应立即修补。就耐用性而言，游戏器材的铁质部分应尽量改用不锈钢，木质部分应留意其承载力，衔接处则应经常检查是否松脱并随时维修，以使幼儿能在安全的游戏环境中尽情嬉戏奔跑。"

---

① 汤志民：《幼儿园环境创设指导与实例》，24 页，上海，华东师范大学出版社，2013。

## （二）创设自然生态环境

户外环境是幼儿园中能让幼儿最贴近自然的场所，幼儿对于大自然的热爱，会激发他们保护大自然的欲望，这种热爱源于他们与自然界的亲密接触（Schultz, Shriver, Tabanico & Khazian, 2004; Sobel, 2004）。如果幼儿在童年时没有充分地在自然环境下游戏，他们以后也许永远也不会对大自然形成这种感觉和情愫（Sobel, 2002）。幼儿通常一周有 40 小时或者更多的时间待在幼儿园。所以，幼儿园可能是"人类最后的机会——连接幼儿与大自然，并培养重视和保护自然的未来一代"（White, 2004）。在探究环境和自然时，"儿童需要日常机会与自然材料互动……例如，木头、石头、水、草、

无毒树木和灌木"（Wilke, 2006）。充斥着塑胶材料的游戏场，给人明晃晃的色彩感觉，容易刺激儿童并远离自然（Pardee et al., 2005）。与之相反，我们可以利用地面覆盖物、植物、树木和花为游戏场增添丰富迷人的色彩和质感。① 因此，在创设户外环境时，幼儿园应尽量为幼儿打造自然生态的环境氛围，各种大小体量的花草树木、自然材料（如鹅卵石、贝壳、沙水、木桩、木质材料等）、各种环保回收材料（如轮胎用于制作秋千、攀爬架，用于充当盆栽容器等）、生活中的材料（如各种规格的锅作为户外打击乐器）等，都是营造生态氛围的好资源。在进行绿色种

---

① ［美］朱莉·布拉德：《0—8岁儿童学习环境创设》，陈妃燕、彭楚芸译，376～377页，南京，南京师范大学出版社，2016。

植时，应注意绿植的种类多样性、安全性，同时应选择生命力强的品种，结合树木及花草的习性，综合配置。草与地被植物可提供柔软安全的地面，在丰富竖向绿化成分时应从幼儿的视角出发，尽量多种植低矮的植物，而高大的乔木可以作为屏障以及遮阳伞。同时，在选择树木的品种时，应选择根系较小的，同时与建筑物保持一定的安全距离，防止根系影响楼体建筑及地下管道。值得一提的是，在有限的户外活动空间里，还可以适当增加垂直绿化。垂直绿化占地面积小，能有效节约资源，在增加户外环境美观度、优化户外空气质量的基础上，还是提升环境生态效益的一种实用可行的方式。也应注意，幼儿园内

不宜种植有毒、带刺、飞絮、病虫害多和有刺激性的植物。

### （三）合理投放户外设备材料

不管是在班级内，还是在户外，为幼儿提供数量合理、品种多样的设备材料，是丰富和拓展幼儿学习和发展机会必要的、有益的做法。在户外活动中，幼儿参与爬、跳、攀、钻、投等运动游戏，都要借助活动材料，让单调的运动锻炼变得有趣。有研究显示，在户外活动区，幼儿通过一些基本活动，如钻、平衡、跳、跑、投等能提高大动作和精细动作的能力，同时通过游戏材料的刺激，幼儿精细感觉和外界刺激分析的综合能力也能得到提高。活动材料作为幼儿与游戏的媒介，在幼儿体育教学和户外运动中发挥了重要作用，应予以重视。在一个关于户外材料数量与幼儿游戏行为变化的关系的研究中，研究者发现：从幼儿出现亲社会行为和退缩行为的频次考虑，户外活动区材料数量与人数的最佳比例为1:3；为了减少破坏行为，

户外活动区材料数量与人数的最佳比例为3:2；当户外活动区材料数量与人数的比例为1:1时，幼儿出现退缩行为的频次最高，材料的使用频率和运动强度最低，因此不建议选择此投放方式。当然，对于每位幼儿都会同时参与的活动，如户外团体操，过程中所需用到的材料，则应按幼儿人数进行配置。因此，幼儿园在确定户外设备材料数量的过程中，不要过多地依赖于经验，认为数量越多越好，而要根据幼儿参与情况、游戏内容等因素，科学合理地进行投放。与此同时，户外设备材料种类和数量较多且分布范围较广，设置充足且实用的材料收纳和存储空间就显得很有必要，营造整洁有序的户外环境的同时，一方面方便教师对设备材料进行管理，另一方面也便于幼儿取放使用。

# 第二节 户外运动环境

幼儿园的户外运动环境一般会设置集体运动区、大型玩具区、攀爬区，等等。

　　图中的塑胶操场面积宽阔，幼儿可进行户外体育游戏、自由活动、骑车、拍球、踢球、做集体操等活动，为幼儿走、跑、跳、钻、爬、滚等大肌肉锻炼提供充足空间，充分发展幼儿运动技能。

    有的操场设计成草坪，绿草地不仅天然美观，而且柔软适中，非常适合幼儿在上面游戏运动，同时还可以增加幼儿园的绿化面积，为幼儿提供亲近自然的机会。

　　幼儿园的跑道还是一个特殊的综合型空间，不仅能为幼儿提供走、跑、跳、爬等活动空间，还为教师指导下的体育活动、幼儿骑车、游戏等提供了场地。

大型玩具区一般由滑梯、攀爬架、攀爬网、游戏屋、城堡、平衡木等器械组合而成。大型玩具区综合性强，功能齐全，能满足幼儿钻、爬、滑、跳、走等需求。其中，大型滑梯深受不同年龄幼儿的喜爱，一般由门、桥、滑梯、屋顶、楼梯、绳网等部分组成，不同造型的滑梯、不同角度的爬网和不同长度的爬梯为幼儿提供不同的运动和游戏体验。

幼儿在玩大型滑梯时，容易出现各种意外，班级教师应分别站在滑梯的不同位置，确保所有幼儿在视线范围内，保证幼儿安全。左图中滑梯在不同位置，尤其是较易发生幼儿意外伤害事故的位置，均贴有教师安全站位点，确保教师能够随时监控幼儿的活动情况，避免视觉盲区。

大型爬网同样也是综合运动游戏器械，右图中两种不同长度的爬网，为幼儿提供不同水平的攀爬体验。

四面环绕、连接地面和教学楼的爬网能够充分锻炼幼儿钻爬的能力和身体协调性。中间的蹦床区可供幼儿尽情蹦跳，发展幼儿的跳跃能力。

　　将大型器械区设置于沙地上，幼儿进行攀爬游戏时若不慎跌倒可以得到一定的缓冲，安全系数升高，这样的环境更有益于培养幼儿勇于挑战、克服困难的品质。

　　各种造型的爬网和攀爬架，有垂直角度、不同倾斜角度的，提供不同的攀爬难度，以满足不同幼儿的运动和游戏需要。

此处爬网面积大，倾斜爬网可供幼儿攀爬，平面爬网可供在上方的幼儿弹跳，供下方的幼儿攀爬，周围一圈木质平台，可供幼儿休息。在游戏中，幼儿的运动能力、意志力、交往能力等都得到了发展。

除了爬网，还有多种设备可满足幼儿攀爬需求，如爬梯、攀爬墙、攀爬架等。攀爬架和平衡木组成的高低不同层次，能够锻炼幼儿的身体协调性、平衡性，适合不同发展水平的幼儿。

此款攀爬墙因可接触面积较小，挑战性强，幼儿需克服心理障碍才敢于攀爬，有利于幼儿意志力的培养。

在户外的大树干上搭上爬梯，便能让幼儿即时体验到攀爬的乐趣。爬梯的高度适宜，绝大部分幼儿均能攀爬成功。

有高度差的地面，可设计成步梯，也可设置成倾斜的爬坡。爬坡上的绳索，增加攀爬趣味，也可辅助较小幼儿爬坡。

一棵树上安置了宠物小屋，小屋下面搭建了人字梯，幼儿经常会爬上去观察有没有小鸟住进来，通过游戏情境的设置吸引幼儿参与运动和游戏。

此款爬梯可多人同时攀爬，垂直的角度、不同高度的分格、摇晃的体验，既增加了攀爬的难度，也提升了游戏的趣味性和挑战性。

利用户外的墙面，打造一面由垂直的梯子、石头、轮胎三种不同材质制成的攀爬墙，垂直的角度对幼儿而言具有较大挑战，一方面能够锻炼幼儿的攀爬能力、手脚协调性、身体灵活性，另一方面培养幼儿勇敢、坚持的意志品质。

秋千能够发展幼儿的身体协调性、平衡性，多个秋千摆放在一起能够激发幼儿间的同伴交往，比较适合中大班幼儿。秋千在制造时要保证安全，可直接利用轮胎制成，经久耐用；也可选用橡胶片，增加舒适性。

荡桥能够提高幼儿的平衡能力和专注、坚持的意志品质。幼儿走在荡桥上时，摇摇欲坠的感觉既让他们感到紧张、刺激，又让他们跃跃欲试，当成功通过时，幼儿能充分感受到成就感和自信心。荡桥可采用不同的材料制作，如木桶、铁桶、轮胎或木桩等。

　　此类器材鲜艳的颜色及不同形状的组合能够给予幼儿多种感官刺激和体验，且较轻便，可根据需要进行拆解、组装，造型可变吸引幼儿参与游戏。

　　此款大型运动器械，综合了隧道、平衡木、钢丝网等多种器械，同样能满足幼儿走、爬、钻的需求，幼儿的平衡能力、运动能力得到了发展，不同造型的器械让游戏更具娱乐性。

左图中的场地设计独特，将沙池、斜坡、隧道、楼梯集于一体，功能多样，能够锻炼幼儿走、跑、跳、钻、爬等多项能力。

平坦的地面上设置几个木桩，幼儿在小小的木桩上行走，充满了乐趣。小木桩能够锻炼幼儿的身体协调性、平衡能力以及坚持性，对幼儿具有一定的挑战，让草地上的行走变得更加有趣。

用轮胎和铁桩制成一个个造型简单而玩法丰富的器械，轮胎被高低不同地固定在铁桩上，幼儿可以在上面旋转、跳跃等，趣味性和挑战性兼具。

轮胎是生活中简便易得的环保低结构材料，玩法多样，适合不同年龄的幼儿玩耍，在搬运轮胎、滚轮胎、跳轮胎等游戏中发展幼儿的力量、身体协调性、平衡能力等，而且轮胎具有较高的回收利用价值。

小木屋、绿墙、爬梯、轮胎等为幼儿创设了一个战争的游戏情境，充分满足中大班幼儿，尤其是男生的游戏需求，增强体育锻炼的同时增加了同伴间的交往与合作。

一个小型的滑梯被建在小径边，户外场地被充分地开发和利用。

有些幼儿园会在户外区域中间根据场地大小来镶嵌或摆放一些小型器械，如弹力设备、秋千、木马、平衡木、转椅、跷跷板等，还可投放一些废旧物品、自然物品等材料，使户外游戏环境更加丰富有趣，如操场中的地面被绘上"跳房子"，幼儿经过时在其间跳跃玩耍，进一步锻炼了大肌肉，游戏体验也更加丰富。

屋檐下设置了不同高度的吊环，以适合不同发展水平的幼儿。幼儿手握吊环，身体垂直悬空摆动，充分锻炼幼儿的臂力。

悬垂沙包可供幼儿拍打、撞击，锻炼幼儿手部力量，释放压力，舒缓情绪。

小推车能够锻炼幼儿的身体协调性和控制能力；脚踏车能够锻炼幼儿的平衡性、灵活性及腿部力量，都是幼儿园户外运动环境中常见的器材。

篮球是幼儿园必备的体育器材。幼儿在拍球、运球、投球的过程中发展了手脚的协调性、灵活性。投篮是一项综合运动。根据幼儿的年龄特点和发展水平，可以设计具有难易层次的篮球游戏。

# 第三节 户外学习环境

## 一、玩沙区

玩沙区是幼儿园户外最常见的学习区域，也是幼儿最喜欢的游戏空间之一，沙子作为随处可见的自然元素，玩法千变万化，具有很强的可塑性，幼儿可以充分发挥自己的想象力和创造力，也可以多人合作，制作各种形状的物体。沙池中的沙子必须经过严格筛选才能使用，还要定期进行清理和消毒，保持沙地的干净和松软。

在玩沙区配置一些辅助材料，如小推车、小船、锅铲、沙漏以及石头、贝壳、树叶等自然材料，可增加幼儿玩沙的兴趣，引导幼儿拓展更大的游戏空间。

　　为了让幼儿可以不受天气影响地在玩沙区活动，可在环境创设上事先考虑好设置防雨棚。有些棚顶不光防雨，还防晒。因为夏季炎热，经过暴晒的沙子随气温升高而变得烫脚，所以这样的设计便于幼儿在炎热天气照常进行活动。

即便是户外的墙面也不失美感，为在玩沙区活动的幼儿带来美的体验，激发幼儿在活动过程中创造性的发挥。此外，悬挂式的器具存放方式，整理、取放方便且通风良好，不易滋生细菌。

玩沙区不远处设立洗手池，便于幼儿在游戏后及时清洁，且小小的洗手台采用石头作为主体，木质材料作支架和雨棚，加之周边陶瓷盆种植的绿植，更加与自然融为一体。

在玩沙区配置此类用 PVC 管道制作而成的引沙装置，不失为拓展科学领域游戏的好尝试。

增设木材和铲子等材料，有利于幼儿拓展游戏情境，同时帮助幼儿在游戏中强化铲物推土的动作练习，既丰富了游戏又促进了大肌肉动作的发展。

比起单纯的玩沙区，幼儿园增设一块泥巴地，可为幼儿在游戏过程中增加一层触感体验，且泥巴比沙子更具可塑性，能使幼儿生发出更多的游戏可能性。

有些幼儿园会在玩沙区为幼儿提供防护鞋，倒挂存放的方式既节省空间，也可避免残余的沙子留存于鞋中滋生细菌。

某些园所因环境因素无法提供较大空间的玩沙区，也可考虑像图中一样在不同区域分设玩沙台。

## 二、玩水区

幼儿天性喜欢玩水，在玩水的过程中感知水的特性，如浮力、流动性等。手摇抽水泵的设置增加了玩水区的吸引力，又在幼儿游戏过程中锻炼了幼儿的臂力。

遵循幼儿喜爱玩水的天性，这样的大型玩水区为幼儿提供了开放、宽敞的游戏环境，能让更多的幼儿参与其中，边上的开放式置物架放置各种辅助工具和材料，方便幼儿随时选取使用。

这是一个小型的玩水区，用PVC管制作成曲折迂回的各式水管，能让幼儿在游戏过程中感知水的不同流速，激发幼儿在玩水区的操作兴趣，同时也在过程中渗透了物理知识。

由矿泉水瓶和水管组成的玩水装置制作简单、经济实用，却能引发幼儿的深度探究，让幼儿通过动手操作建立"漏斗"的概念，感知水的流动性，体验玩水的乐趣。

小小玩水区却蕴含了诸多探究点，例如漏斗原理、水力发电机原理、水的分流等，有趣的设备装置激发幼儿在游戏中愉快地进行探究观察。

教师可在玩水区为幼儿提供防水雨衣及雨鞋，即使在寒冷的冬天，幼儿也能尽情体验玩水的乐趣。

通过投放不同的辅助材料和情境性材料，支持幼儿生发出多种游戏，丰富幼儿各方面的经验。例如，图中投放的小动物防水材料，可使幼儿生发出照顾水生宝宝的游戏；投放小船、船桨等情境性材料，可使幼儿生发出水中划船、探究水的浮力等游戏计划。

为避免玩水材料的积水滋生细菌，玩水区的置物架及置物篮均应选用镂空型，便于残余的水充分滤干。

# 三、户外涂鸦区

孩子是天生的艺术家，只要为孩子提供绘画的空间和材料，他们的创作兴趣就会被激发出来。左图将一块黑板安置在与幼儿等高的公共户外墙上，提供充足的粉笔，孩子们将会纷纷涌来。

涂鸦区满足了幼儿随意绘画、表达自我的需求，激发幼儿对美术创作的兴趣，使其获得成就感、愉悦感。

教师可充分利用幼儿园户外公共环境创作涂鸦区，将墙面涂抹成黑色或灰色底面，幼儿便可以在上面涂画。如图中走廊的水泥墙面经过改造便可以成为供幼儿发挥创意的涂鸦墙。

原本空置的防护栏区域通过安装植物灌溉系统产生了一些运输管道，借此新增创作画板可谓一举两得。既为幼儿扩充了更多的创作空间，幼儿创作产生的艺术作品又能起到装饰环境的作用。

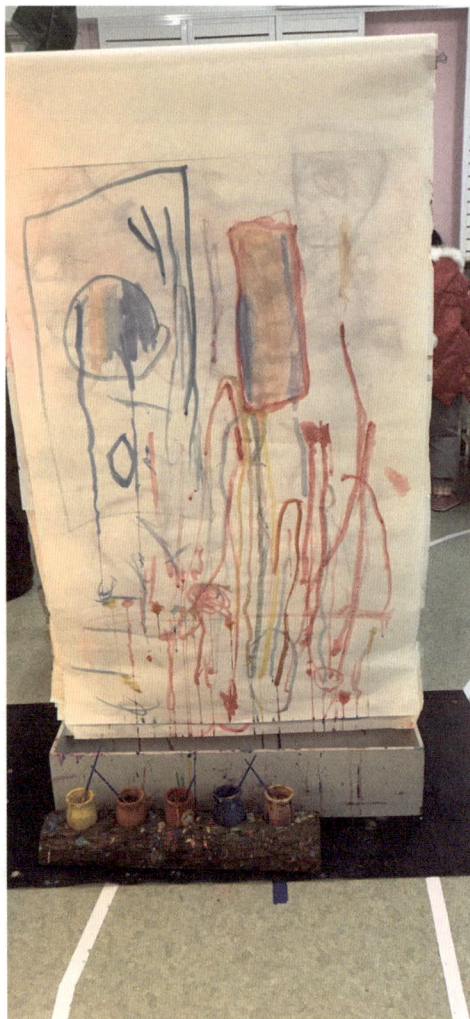

当园所公共区域墙面已无空余时，可考虑如图所示设置各种规格的画架、白板等，固定悬挂的大画架、大白板面积宽敞，能让幼儿尽情挥洒创意，小型画架轻便实用，可随时根据需要调整使用场所。

在户外设置涂鸦区，相对于室内空间而言视野更加开阔，事物变换较频繁，种类也更多，在鸟语花香的环境下幼儿更易与当下的户外环境产生联结，从而自发、自然地进行艺术创作。

涂鸦区宜尽量靠近水源设置，以方便幼儿在绘画时换水或于绘画结束后清洗画具。

户外涂鸦区的周边环境也可从艺术的角度做一些设计，如左图中颜色鲜明极具艺术感的背景墙涂鸦、整齐安放的油纸伞等，这些艺术性的设计将有助于激发幼儿的创作欲望。

　　户外涂鸦区可以更多地为幼儿提供自然物作为绘画载体，光滑的石头就是极佳的材料选择之一，自然素材与户外的阳光、空气浑然一体，进一步激发了幼儿的艺术创想。大素材即使随意地放置在一起，也是一种美的呈现，我们仿佛可以从这些已完成或未完成的艺术作品中看到幼儿专注而投入的创作过程。

为防止涂鸦区的颜料滴在草皮或地板上难以清洁，教师可在幼儿使用该区域之前铺上防水的隔离地垫以起到保洁作用，让幼儿的整个绘画过程更加自然惬意。

涂鸦区的材料、工具数量和类型较多，可在区域中提供开放式的储物柜分门别类进行收纳摆放，引导幼儿逐步养成收拾整理、自主取放的良好习惯。

艺术创作无处不在，即便是户外的地面，配上几根粉笔，也能成为幼儿涂鸦的画板，供幼儿在上面进行创作。

## 四、户外建构区

　　户外建构区具有所有室内建构区的教育价值；同时，它还具有一些室内建构区所没有的优势。如幼儿在户外进行拼搭建构可不必如室内那般担心噪声或行为限制；户外建构材料的数量和品种更多，体积更大，幼儿在取放材料和建构的过程中，促进了大小肌肉动作的发展等。

选用空间较大的户外场地作为户外建构区能够满足多个幼儿同时游戏的需求，户外建构游戏使用的建构材料尺寸相对较大，一般需要幼儿之间的合作分工才能搭建完成。共同建构的过程给幼儿的社会性发展提供了良好的机会，包括学习如何与他人相处，学习如何解决问题，锻炼了坚持性和专注力，获得良好的情绪体验等。

建构区融操作性、艺术性、创造性于一体，能有效促进幼儿创造性表征能力的发展。除了各种规格的积木，户外建构区还可以为幼儿提供各种辅助材料和配件，如石头、交通工具、植物和动物模型，各种回收后经过清洁消毒的罐子、布料、纸笔等，以激发幼儿进行更多的创造性表征。

户外建构区涉及的材料种类、数量较多，可以引导幼儿根据材料的形状、长短、厚薄等进行分类摆放，便于寻找、取放，幼儿在使用和整理的过程中还能获得关于建构材料性质、大小、比重的知识，逐渐体验到基本的数量、等值关系及面积、体积等概念。

户外建构区多木质材料，容易开裂或发霉腐烂，这些材料一般体积较大，数量较多，其保存与收纳问题需要进行妥善安排，注意防晒避雨。有条件的幼儿园可为户外建构材料设置一个专门的存储区域，提供较大的储物柜，同时设置防雨防晒顶棚，用于建构材料的收纳存储。

在户外建构区旁边，可以提供一些储备箱，用于放置部分建构材料和配件，方便幼儿根据游戏需要随时搬运到适宜的位置进行搭建，在提升游戏开放度的同时，也提高了材料的使用频率。

# 五、户外木工区

如果幼儿能够正确使用工具，加上教师的适当监督，木工区常常能为幼儿提供有益且安全的活动，培养幼儿的数学和科学技能、手眼协调能力、问题解决能力、自我保护能力及使用工具的能力。幼儿也经常乐在其中，专注而且投入。

木工区也是非常适宜设置于户外的活动区域，幼儿在活动过程中使用各种工具容易产生较大噪声，易对其他区域产生影响，设置于户外，可以减少幼儿活动的顾虑，使其更加投入地进行各种操作。

木工区提供的多为松软木质材料，考虑到此类木材受潮易腐烂滋生细菌，在设置户外木工区时应尽量考虑防雨、防晒、防潮、通风等因素。例如右图中为该区域增加天顶设计，便可以较好地解决这些问题。

　　户外木工区投放了各类操作材料、工具类材料、保护性材料，同时也应配备足够的储物空间，用于对各种材料进行分类放置，储物空间的形式和规格可以多样，如可供悬挂工具的架子、放置不易悬挂物品和幼儿已完成或未完成作品的储物架、收纳细小零部件的小型储物盒、放置木头的储物箱等，教师应在相应的储物空间张贴明确的安全说明和提示位置的标识，方便幼儿了解安全注意事项和取放物品。

## 六、户外音乐区

音乐区一般会配置各类乐器和用于播放音乐的音响设备，为了让该区域远离室内的安静区域以减少干扰，将其设置于户外是一个适宜的选择。户外环境亦能为音乐区提供独特的空间氛围，让幼儿在活动过程中更加开放、投入，乐于表达。

　　在一楼教室的户外走廊处开辟出一片空间，用于设置音乐区，仿照舞台的设置，屏风既是服饰道具的放置载体，也能实现舞台背景和幕布的功能，同时还能根据需要创设各种场景。将音乐区与戏剧表演有效融合，可让幼儿在享受音乐的同时，增加登台表演的自信与勇气。

　　像这样的户外悠闲音乐吧谁不愿意多待一会儿呢？藤椅、吉他、立麦、鼓等物品营造了愉悦、放松、舒适的氛围，能够激发幼儿主动探索、尝试的欲望，释放压力，舒缓情绪。

　　艺术来源于生活，通过在音乐区提供一些生活中常见的物品并固定于户外墙面上，幼儿便可以进行"生活中的打击乐"，并从中了解到艺术无处不在，同时可进一步探究不同材质、硬度、大小等因素对音色、音调等的影响。

## 七、户外角色区

角色游戏是幼儿最喜爱的游戏方式之一，是幼儿进行模仿和想象的游戏。设置在户外的角色区相比室内的角色区能为幼儿提供更大的场地空间，更便于幼儿走动，也让更多的幼儿参与其中，为幼儿拓展游戏思路提供了更多的可能性。

户外角色区宜设立在绿植较多的地方，夏季的树荫在一定程度上能为幼儿遮蔽炽热的阳光。同时，区域上方搭建遮阳棚也利于幼儿在烈日和雨天时照常活动。

与树毗邻创设的户外角色区为幼儿营造了温馨、舒适的氛围，充足的空间能够同时满足多个幼儿的游戏需求，促进幼儿相互交流与合作。厨具和架子上丰富的材料为幼儿开展角色扮演游戏提供了充足的支持。

右图中为某幼儿园创设的"阳光餐厅"，在这里幼儿可迁移生活中观察到的关于厨房的经验，如做饭、吃饭、洗碗等，游戏过程中幼儿的语言能力、想象力、观察力、合作能力等都获得了发展。

该"阳光餐厅"还设置了科学领域的探究点。餐厅用水量较大，可是流出来的水又流到哪里去了呢？餐厅创设的排水管，引导幼儿观察水的流动，让幼儿切身体会"循环利用、环保、节约"等理念。

图为某幼儿园创设的户外角色区"我的家"，在这里幼儿可重现自己的生活经验，还可以模仿成人做饭、吃饭、上班、养花等一切细节，对于低年龄段幼儿来说，能产生安全感和角色归属感，对于高年龄段幼儿来说，游戏水平可不断提升。

做饭、吃饭是幼儿最熟悉的生活活动，简单的一张桌子配以做饭的工具，幼儿就可以进行做饭的角色游戏了，因为身在户外，户外环境中的一切物品都可能成为幼儿游戏的材料，无数的想象和创造发生了。

户外树屋在大多数幼儿园都存在，树屋因其私密性、位置较高等特点而深受幼儿喜爱。幼儿在攀爬树屋的过程中能锻炼攀爬能力及身体协调性。另外，可利用小木屋创设游戏情景，引导幼儿生发出更丰富的游戏内容和更高水平的游戏方式。如左图中，小木屋营造了类似家庭生活的场景，于是幼儿间的模仿游戏在这里不断发生。

图中的树屋被创设成茶餐厅，贴近幼儿的生活经验在这里得到重现和巩固。

广式点心餐厅凸显了地域文化，与幼儿的生活经验联系比较紧密。茶杯、茶具、坐垫、小桌等生活化的物品为幼儿开展餐厅游戏提供了物质支持，帮助幼儿在游戏中体验广式点心文化、礼仪。

原始人博物馆集中性地陈列幼儿制作的有关原始人的物品和搜集到的信息，为幼儿提供又一个特殊的角色扮演场所，同时帮助幼儿获得有关原始人的知识经验，激发探究兴趣。

## 八、户外种植区和饲养角

基于植物的生长需求，种植区一般设置于幼儿园走廊或全开放的户外区域。种植区的植物种植和护理活动，能增进幼儿对大自然和季节的认知和了解，培养幼儿的责任心。

通过精心设置，营造鸟语花香的环境，激发幼儿对植物的热爱。

种植生活中常见的蔬菜能够进一步丰富幼儿的经验，让幼儿学习照料蔬菜、观察蔬菜的生长过程，感受生命的神奇与美妙。蔬菜长大丰收时，幼儿体验劳动的成就感，培养从小爱劳动的品质。

幼儿将亲身参与种植所收获的瓜果与全园小朋友分享，所获得的经历和体验将大不一样。这样的教育功能远比纯观赏性的种植区大得多。

通过投放常见种植物的果实，激发幼儿的种植欲望。因为这些果实很多是孩子们生活中常见或者爱吃的食物，对食物的喜爱和亲近感能刺激幼儿萌生对这些果实生长过程的好奇。

　　教师可以以班级为单位划分种植园地，并与幼儿讨论确定种植物的种类和后续的维护方式、规则，种植所收获的果实可在班级里共同享用。种植园可谓班级植物试验田。

通过种植藤蔓类农作物，可以增加种植面积，还可以丰富幼儿对植物种类和生长特性的认知。

有条件的幼儿园可以利用顶楼天台开辟较大面积的种植园地，为幼儿提供更多的种植空间。

利用管道种植植物不仅美化了幼儿园环境、节省了空间，还能让幼儿观察植物在不同环境下的生长过程，拓展幼儿关于植物生长的知识经验。

幼儿天生对动物具有特殊兴趣，在园中设立饲养角养育小动物，既能为幼儿园增添生气，又能让幼儿自发对动物进行观察，感受小动物繁衍生息、生老病死的生命过程。各种关于动物的探究主题也可由此生成。

饲养角也为幼儿创造了亲近动物的机会，参与照料小动物的过程能够让幼儿获得有关动物的知识经验，培养幼儿的责任感和爱心。

# 九、户外光影区

自然界中的光与影千变万化，为幼儿园提供了不同寻常的教育机会。在探索光影的游戏中，幼儿会发现许多趣事和问题。有的幼儿园会在户外专门为幼儿创设一个探索光影的区域，提供多种材料，让幼儿在其中进行光影的发现和探索。

该光影区为幼儿提供了平面、立体不同类型的探究工具，让幼儿在动手操作、亲身实践中充分感知光与影的关系和变化。置物柜的提供既能让幼儿在取放材料时一目了然，充分选择操作探究，又便于该区域的物品的收纳与整理。

镜子不仅让空间充满变化，在视觉上延展空间，还能让幼儿随时观察到活动中的自己以及同伴，将镜子运用到光影区，为幼儿提供想象和推理的发展机会。右图中光影区设置了不同凹凸面的镜子，幼儿照镜子的时候，可根据不同的成像感知光在不同表面的反射情况。

在光影区用不透光的帘布设置一个暗区，提供各种光源、投影机、皮影设备、辅助材料等，可让幼儿探索不同环境下产生的光影现象。

# 第四节 户外材料收纳

户外场地需配置大量的运动和游戏设备器材，供幼儿户外活动使用。户外器材同样也要注意收纳，在方便使用的同时，注意防晒防尘防锈。左图中，轮胎被分格放置固定好位置，防止滚动；各种形状的大型建构材料按形状分别收纳于置物架上，防止雨淋腐烂。

户外器材的收纳整理既体现了幼儿园的管理，又蕴含了一定的教育价值。教师可以在收纳过程中引导幼儿分门别类、整齐有序地摆放使用过的器材，从而培养幼儿自我管理的良好习惯。右图中，各种器材，如滑板车、跷跷板、蹦蹦球等被分类放置，置物架高度适宜，方便幼儿自主取放整理。

材质较好不易老化或不易生锈的器材可以露天放置，一些材质易老化的器材就需要做好防护措施，延长器材使用寿命。右图中，在器材架上盖上一块保护罩，防止老化或生锈。

不锈钢材质的储物架能较好地防止器材受环境的影响；可移动储物架可移动至各个区域，方便教师和幼儿使用。

根据场地的实际情况、器材的形状、材质和存放条件，采用不同的收纳方式进行整理，节省空间且有利于延长器材的使用寿命。

牛津布做的储物棚有较好的遮光效果，且能防水防风，造型也较美观，是存放户外器材的好选择。

置物架配上遮阳防水棚顶，造型可爱，同时也能满足户外器材存放要求。

户外空间较宽敞，适合使用各种滑行类器材，如自行车、小推车、滑板车、轮胎等。轮胎的存放一般应固定起来，防止滚动，因为轮胎较重，不宜叠放，可定制专用的收纳架进行存放。

　　而小推车、自行车、滑板车这类器械因体积较大，不宜叠放。可将车辆进行编号，固定摆放位置，幼儿使用后可根据编号进行摆放；也可直接分开摆放。同样因为体积较大，一般不会放置在置物架里，露天摆放较多。

球类也是户外的常见游戏器材，有多种存放方法。如果户外储物空间较为宽敞，可按右图中方法收纳，用高度适宜的架子，将球类分别放置，如篮球、足球、排球等，方便多名幼儿同时取放，避免拥挤。

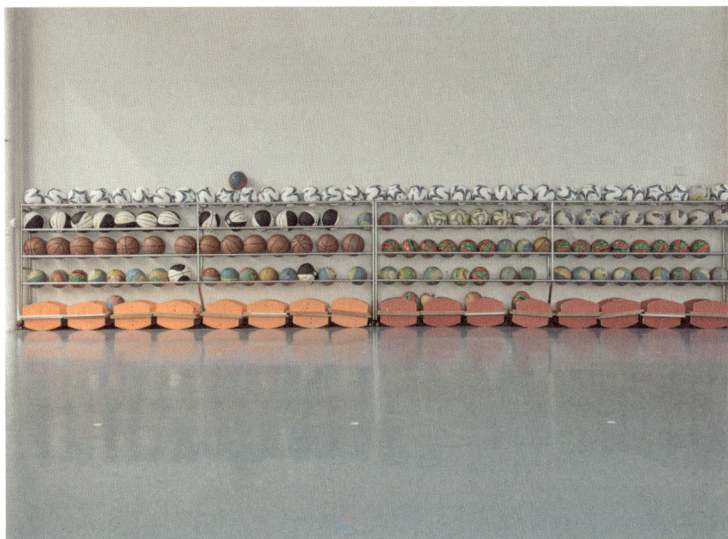

如球类数量较少，也可直接用网架存放，节省空间。

网架存放篮球，在网架下方标示名称、数量等，体现了幼儿园精细的管理方法。

| 器材名称 | 小篮球 |
| --- | --- |
| 最高存量 | 20 个 |
| 最低存量 | 15 个 |

体积较大的球类可编号单独放置。左图中的球体积较大，根据编号单独悬挂在桩上。

体积较小的球，放置在PVC管制成的容器里，并标明数量，易于统计和管理。

而球棍的存放，跟与之配套的球置于一处，同样编号后放置于对应的PVC管里。编号后按一定的规律固定位置存放，黄蓝相间，利用环境进行隐性教育。

户外环境一般会设置沙水区，其配套的工具材料很多，包括沙水玩具、鞋套、各种容器等。一些体积较小的材料，如容器、筛子、铲子等可以直接放置于置物架上，也可置于箱中。右图中轮胎旁的小箱子内存放沙水小玩具，离玩沙区较近，方便幼儿使用的同时也装饰了环境，小箱子的使用能延长各材料的使用寿命。

置于镂空置物篮中的各种沙水玩具。

将容器、舀子、铲子、喷壶、耙子等玩沙材料统一悬挂在挂架上，整齐美观，便于取用。

玩沙区的鞋套存放在PVC管制成的圆筒中，并排放置，摆放整齐且美观；每双单独放置，方便幼儿取用和整理。

右图中为户外绘画区材料，用置物架分别陈列调色盘、画笔、颜料等，便于幼儿随时取用进行创作。

户外器材多种多样，其收纳方法也有多样。比如左图中的呼拉圈，直接堆放太过杂乱，且不易取用，而悬挂起来既整齐美观又方便取用。

巧妙利用 PVC 管制成的置物
筒存放滚铁环器材，节省空间的
同时也便于管理。

器械形状不规则，长度较长，叠放后置于操场
边角，并用线描画出存放区域，规整有序，也便于
随取随用。

无法设置悬挂桩的器材，也可以直接置于篮中；规划区域离地存放，不仅便于清洁，也能保持干燥。

跳袋若不注意折叠与整理较易凌乱，用S钩悬挂在走廊上，幼儿取放时方便快捷。

部分带绳线的器材，存放时很容易将线缠绕在一起，不便于下次使用。图中将踩高跷器材分开悬挂于栏杆上，能有效防止缠结；同时利用了垂直空间，节约了场地。

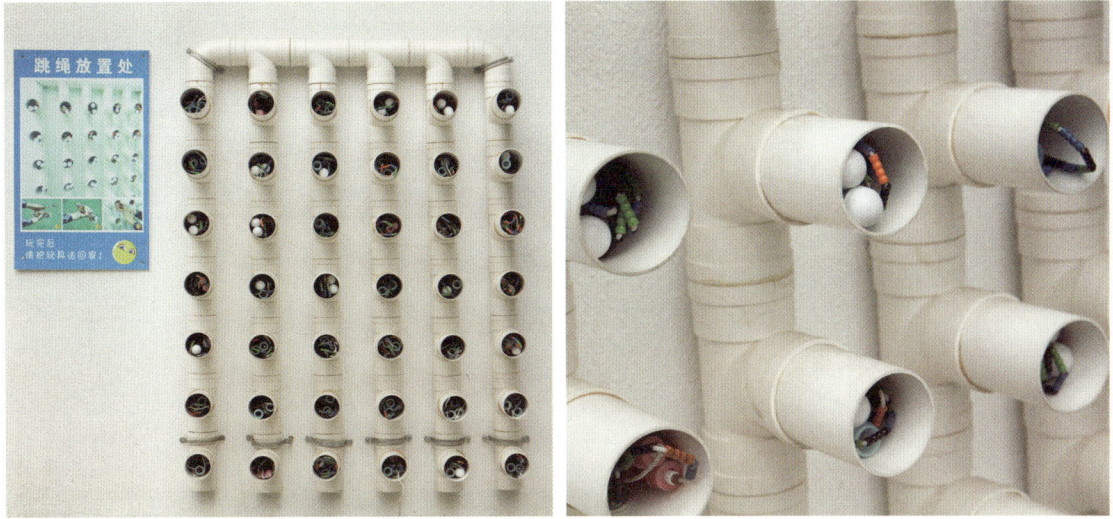

跳绳的存放同样面临着缠绕的问题，用 PVC 管制成并排的小容器，将每个跳绳分开放置，既简洁美观，又巧妙地解决了缠绕问题。

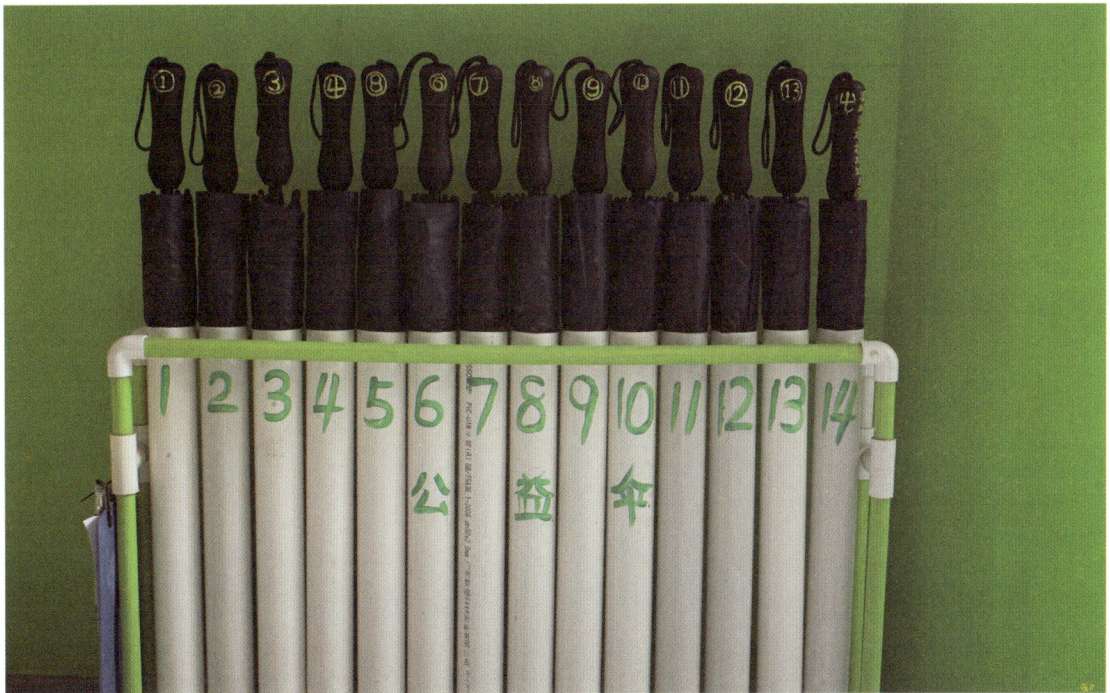

公益伞的配置满足了幼儿园员工和家长的不时之需，体现了园所的人性化管理。在公益伞上编号，对应插放于 PVC 管中，整齐美观。

# 参考文献

1. 汤志民 . 幼儿园环境创设指导与实例［M］. 上海：华东师范大学出版社，2013.

2.［美］朱莉·布拉德 . 0—8 岁儿童学习环境创设［M］. 陈妃燕，彭楚芸译 . 南京：南京师范大学出版社，2016.

3.［美］卡罗尔·格斯特维奇 . 发展适宜性实践——早期教育课程与发展［M］. 霍力岩等译 . 北京：教育科学出版社，2011.

4. 袁爱玲，廖莉 . 幼儿园环境创设理论与实操［M］. 上海：华东师范大学出版社，2017.

5. 屠美如 . 向瑞吉欧学什么——《儿童的一百种语言》解读［M］. 北京：教育科学出版社，2002.

6. Carolyn Edwards， Lella Gandini， George Forman. 儿童的一百种语言［M］. 罗雅芬等译 . 台北：心理出版社，2000.

7. 胡惠闵，郭良菁 . 幼儿园教育评价［M］. 上海：华东师范大学出版社，2009.

8.［美］Dorothy June Sciarra& Anne G．Dorsey. 幼儿园的开办与管理［M］. 张咏等译 . 北京：中国轻工业出版社，2003.

9. Aidan Chambers. 打造儿童阅读环境［M］. 许慧贞译 . 北京：五洲传播出版社，2011.

10. T. Harms, R. M. Clifford, Debby Cryer. 幼儿学习环境评量表（修订版）. 台北：心理出版社，2006.

11.［英］艾登·钱伯斯 . 打造儿童阅读环境［M］. 许慧贞译 . 海口：南海出版公司，2011.

12. 丰子恺 . 我们这些大人［M］. 北京：中国青年出版社，2010.

13.［美］德布·柯蒂斯，玛吉·卡特 . 和儿童一起学习：促进反思性教学的课程框架［M］. 周欣等译 . 北京：教育科学出版社，2011.

14.［斯洛文尼亚］朱·科特尼克 . 儿童学习空间设计［M］. 潘潇潇译 . 南宁：广西师范大学出版社，2017.

15. Carolyn Edwards, Lella Gandini, George Formank. 儿童的一百种语言：瑞吉欧·艾密莉亚教育取向——进一步的回响［M］. 罗雅芬等译 . 台北：心理出版社，2000.

16. 陈月文，胡碧颖，李克建 . 幼儿园户外活动质量与儿童动作发展的关系 [J]. 学前教育研究，2013(4).

17. 刘凌 . 爱的滋养：幼儿园室外学习环境的开发与应用［M］. 长春：东北师范大学出版社，2018.

18. 冯晓霞 . 幼儿园课程［M］. 北京：北京师范大学出版社，2012.

19. 丽丝·艾略特博士 . 小脑袋里的秘密：探索 0—5 岁大脑发展的黄金期［M］. 汕头：汕头大学出版社，2003.

20. Charlesworth, R. & Lind, K. *Math & Science For Young Children (5th ed.)*. San Franciso, CA: Delmar Publishing, 2004.

21. Greenman, J. *Caring Spaces, Learning Places: Children's Environment That Work.* Redmond, WA: Exchange Press, Inc, 2005.

22. Karre, A. *Lighting Design and Installation.* Granhassen, MN: Creative Publishing International, Inc, 2003.

23. Koster, J. B. *Growing Artists: Teaching Art to Young Children.* Clifton Park, NY: Thomson Delmar Learning, 2005.

24. Henniger, M. L. Enriching the Outdoor Play Experience. *Childhood Education*, 1993.

25. Talbot，J. & Frost, J. Magical Play Scapes. *Childhood Education*, 1989, 66（1）.

26. Perry, J. P. Making Sense of Outdoor Pretend Play. *Young Children*，2003, 58（3）.

27. Moore, R. *Helping Children to Understand and Love Planet Earth: International Federation of Landscape Architects Handbook.* ASLA, Washington, DC, 1992.

28. NAEYC (National Association for the Education of Young Children). *Early Childhood Program Standards and Accreditation Criteria: The Mark of Quality in Early Children Education,* 2005.

29. Pelo, A. *The Language of Art: Inquiry-based Studio Practices in Early Childhood Settings.* St. Paul, MN: Redleaf Press, 2007.

30. Pardee, M. Equipping and Furnishing Early Childhood Facilities: Community Investment Collaborative for Kids Resource Guide. Local Initiatives Support Corporation, 2005.

31. Reutzel, D. R. & Morrow, L.M. *Promoting and Assessing Effective Literacy Learning Classroom Environments.* In R. McCormick & J. Paratore (Eds.), Classroom literacy assessment: Making Sense of What Students Know and Do. New York: The Guilford Press, 2007.

32. Schultz, P. W., Shriver, C.,Tabanico, J.J. & Khazian, A. M. Implicit connections with nature. *Journal of Environmental Psychology*, 2004, 24(1).

33. Yerkes, R. A Playground that Extends the Classroom. ERIC. Document 239802, 1982.

34. Sobel, D. *Children's Special Places: Exploring the Role of Forts, Dens, and Bush Houses In Middle Childhood* (Landscapes of Childhood Series). Detroit, MI: Wayne State University Press, 2002.

35. White, R. Adults Are From Earth; Children Are From The Moon; Designing For Children: A Complex Challenge, 2004.

36. Wilke, J. Why Outdoor Spaces for Children Matter So Much. *Child Care Exchange*, 2006, 171.